Hexen-Kräuterbuch

Hexen Kräuterbuch

»Gegen alles ist ein Kraut gewachsen«, heißt es im Volksmund. Medizinmänner, Schamanen, Weise, Heilkundige und Hexen haben den Zauber und die heilenden Wirkungen der Gaben von Mutter Natur erforscht, gesammelt und über Jahrhunderte, ja Jahrtausende weitergegeben. Und genau dieses uralte Kräuterwissen ist heute gefragter denn je. Wie Sie die moderne, weißmagische Hexe in sich entdecken können, und wie Sie selbst gezogene Kräuter in Zeiten größter Freude und größten Leids, zum Verwöhnen von Körper und Gaumen einsetzen können, sagt Ihnen dieses Buch. Es soll Sie auf dem Weg zu Ihren Wurzeln begleiten.

LUDWIG

Inhalt

Kräuterhexen lieben es, ihre Kräuter selbst anzubauen, zu hegen und zu pflegen und schließlich zu ernten. Dabei beachten sie auch stets den Mond.

Farben und Wünsche, die Sie notieren sollten, spielen bei vielen Ritualen eine große Rolle.

Safranbrötchen – ein goldenes Gebäck für glückliche Stunden.

Den Weg zur Hexe finden

Machen Sie rasch einen Test

Haben Sie sich in den vergangenen vier Wochen

1. mal richtig toll gefunden,
2. einen ganzen Tag nur um sich selbst gekümmert,
3. gegen einen unangenehmen Menschen gewehrt anstatt klein beigegeben,
4. in einen Sonnenaufgang, eine Abendstimmung, in den Anblick einer Blume oder in einen köstlichen Duft vertieft,
5. so gefreut, dass Ihnen die Tränen in die Augen stiegen?

Auf dem Weg in unser Inneres begleiten uns heilsame Kräuter, deren Wirkungen schon den weisen Frauen bekannt waren und über Generationen weitergegeben wurden.

Wenn Sie drei dieser Fragen mit »Ich weiß nicht« oder mit »Nein« beantwortet haben, wird es höchste Zeit, die Kräuterhexe in Ihrem Innern zu wecken. Sie haben richtig gelesen: Sie tragen dieses geheimnisvolle Wesen in sich – mal als große, verständnisvolle Mutter, mal als kleine listige Hexe, die Spaß am Schabernack hat. Sie ist Heilerin und Schutzgöttin, wehrt negative Einflüsse ab und wird, wenn Sie sich ganz auf sie einlassen, Ihr Leben auf wundervolle Weise bereichern. Denn die Kräuterhexe, die zu Ihrer Persönlichkeit gehört, kann mit Ihnen lachen, kann Sie trösten und kann mit Ihnen weinen, bis es wieder »gut« ist. Schmerz gibt uns Kraft, weil er uns Neues zeigt – vorausgesetzt, wir verlieren uns nicht darin. Und dazu brauchen Sie eine Begleiterin, die Sie nie im Stich lässt, die das große Ganze der Natur zu erkennen imstande ist und die nicht alles, was passiert, todernst nimmt. Die Katastrophen, die uns und unseren Mitmenschen geschehen, sind schon schrecklich genug. Wenn wir dann noch aus jeder Mücke einen Elefanten machen, ein alltägliches Missgeschick zur Krise aufbereiten, kostet das sinnlose Lebenskraft. Davor bewahrt uns unsere ureigene Hexe.

Gehen Sie mit offenen Augen durch die Natur, und Sie werden auf einmal die Kräuterhexe in Ihnen entdecken.

Fangen wir also an mit dem Aufstöbern dieses Wunderwesens. Dazu brauchen Sie eine kleine Wegbeschreibung, die Sie in Ihr Inneres führt. Denn bei uns Frauen lebt die Hexe mitten im Bauch, in unserer Weiblichkeit, dem Zentrum, aus dem wir unsere Kraft gewinnen, aus dem das Leben hervorgeht.

Setzen Sie sich ganz entspannt in einen bequemen Stuhl, oder legen Sie sich auf den Rücken – ganz wie Sie wollen. Schließen Sie die Augen. Stellen Sie sich Ihre

Gestalt, Ihr Gesicht, Ihr Haar, Ihre Haut, Nase, Mund, Ohren vor – so wie Sie sich von Ihrem Spiegelbild kennen. Nun wollen Sie in sich gehen – wo ist der Einstieg? Schlüpfen Sie durchs Ohr? Suchen Sie sich eine Pore Ihrer Haut? Klettern Sie ein Härchen hoch, um durch dessen Wurzel nach innen zu gelangen?

Wenn Sie den Einstieg entdeckt haben, sind Sie auch schon auf dem richtigen Weg und werden Ihrer Kräuterhexe begegnen.

Für manche von uns lebt sie gleich unter der Haut. Sie kuscheln gern, pflegen sich mit Ölen und Lotions, hüllen sich am liebsten in Seide und andere Naturfasern. Im Sommer räkeln sie sich am Strand oder auf einer blühenden Wiese, im Winter gehen sie in die Sauna, und als Kinder kamen sie meist sandkistenstaubig oder regenpfützenschlammig nach Hause. In der Küche verwenden sie nur Messer und Küchenbrett, aber keine Maschinen. Sie mischen den Kuchenteig mit der Hand und schmecken die Sauce mit dem Finger ab.

Andere werden fündig beim Erklimmen des höchstgelegenen Punktes: Ihre Kräuterhexe lebt im Kopf. Diese Frauen haben eine ganz besondere Beziehung zur ihrem Haar – träumen häufig davon und sind ständig auf der Suche nach dem speziellen Pflegeshampoo. In der Küche gehen sie planvoll vor – erst weiß man, was man kocht, dann fängt man an. Bloß kein Chaos, denn das heißt mehr Zeit beim Aufräumen als beim Genießen verbringen. Sie lieben die schnelle Küche, die frischen Aromen, die gleich »zu Kopf« steigen. Sie mögen scharf Gewürztes und bunt Geschmücktes – kein Essen ohne Blumenschmuck dabei.

Wer durch die Nase klettert, hat eine Hexe mit Spezialgebiet »Gerüche und Aromen«: Die liebt sie oder hasst sie. Diese Frauen können mit einem Duft bestimmte Lebensphasen verbinden, können darauf todtraurig oder höchst aufgekratzt reagieren. Sie aalen sich im Kräuterbad und brauchen immer wieder ein neues Parfum. Beim Kochen halten sie sich vor allem an Kräuter, Gemüse, Obst und Gewürze – nicht weil sie vegetarisch leben, sondern weil das alles so herrlich riecht.

Und was ist mit denen, die den geheimnisvollen Weg nach innen durch den Mund antreten? Sie sind Genussmenschen und höchst kommunikativ. Sie mögen das Wellness-Wochenende in der Schönheitsfarm, die gemeinsame Kräuterwanderung, die große Küche zum Kochen in der Gruppe und die große Tafel zum Genießen in der Runde. Die meisten dieser Frauen sind begnadete Köchinnen, und weil ihre Kräuterhexe immer bei ihnen ist, würzen sie auch den schlichtesten Salat so vorzüglich wie ein Drei-Sterne-Koch. Allerdings machen sie in aller Regel nicht so viel Aufhebens um ihre Kunst. Denn auch die genießen sie einfach ohne viel Trara.

Die Ohrenschlüpfer unter uns leben sehr aufmerksam: Sie sind immer auf der Suche nach dem besten – für Körper, Geist und Seele, Gaumen und Magen. Ihre Hexe kennt sich aus, sie »flüstert« ihnen die feinen Zutaten fürs Süppchen, informiert sie über das neue Heilwässerchen und zieht mit sicherem Griff die richtige Kräutersalbe aus dem Regal.

Legen Sie sich ganz entspannt hin, und finden Sie als Erstes heraus, welcher Kräuterhexentyp Sie sind.

Ganz egal, welcher Typ Frau Sie sind, in jeder von uns steckt ein bisschen Hexe, die nur darauf wartet, entdeckt zu werden.

Vertrauen Sie auf Ihre inneren, intuitiven Kräfte, und lassen Sie die weiße Magie in Ihr Leben einfließen.

Der Hexe näher kommen

Den Weg zu unserer ureigenen Kräuterhexe haben wir nun entdeckt, vielleicht sehen wir sie ja auch schon. Doch sie ist noch recht weit entfernt. Also müssen wir ihr näher kommen, und dafür brauchen wir das Ritual. Denken Sie jetzt aber nicht an Zaubersprüche und wabernde Rauchwolken – das alles gehört ins Märchen, nicht zu uns modernen Hexen. Rituale haben nur einen Sinn: Sie fördern unsere Konzentration.

Es ist ziemlich egal, ob Sie allein im Park joggen, an einer Kräuterwanderung teilnehmen, einen Teig kneten oder in eine Kristallkugel schauen – immer wollen Sie ganz konzentriert ein Ziel erreichen: Beim Joggen kümmern Sie sich um Ihre Gesundheit, bei der Kräutersuche lernen Sie Neues kennen. Den Teig kneten Sie, weil Sie Lust auf Kuchen haben, die Kristallkugel enthüllt Ihnen verborgenes Wissen. Und überall ist die Hexe gegenwärtig – im Okkulten, dem Verborgenen, das wir entdecken können.

Sie glauben nicht daran? Fragen sich vielleicht sogar, was dieses ganze Gerede über Magie, Hexenkünste und Zauberkräuter soll? Damit befinden Sie sich in bester Gesellschaft. Bereits die Intellektuellen des Mittelalters, die Theologen, Philosophen, Ärzte und Juristen, haben sich und anderen diese Fragen gestellt. Und kamen zu einem höchst einfachen Schluss: Es gibt zwei Arten von Magie. Die eine geht mit natürlichen, die andere mit dämonischen Kräften um. Die eine – die weiße Magie, wie sie später genannt wurde – galt als Teil der Wissenschaft und nicht etwa als geistige Quacksalberei, wie sie heute vielfach betrachtet wird. Diese Naturmagie war jener Zweig der Wissenschaft, der sich mit den okkulten, also den verborgenen, aber durchaus realen Kräften der Natur beschäftigte. Wenn sich die Gelehrten und Techniker der Vergangenheit damit nicht befasst hätten, gingen wir noch heute zu Fuß ins Büro, reisten mit der Postkutsche und schrieben unsere Briefe mit Gänsekiel auf Pergament statt per E-Mail.

All diese Selbstverständlichkeiten der modernen Zeit müssten einem Menschen, der vor 500 Jahren lebte, wie Magie vorkommen. Damals wusste man noch nichts über ein »Automobil«, ein Ding also, das in der Lage ist, sich selbst zu bewegen. Noch kannte man die Geheimnisse der Elektrizität nicht. Und machen wir uns doch nichts vor: Für die meisten von uns sind Lichtschalter, Telefon, Fernseher und Computer höchst erstaunliche Geräte, die wir zwar tagtäglich nutzen, doch keineswegs verstehen. Dabei funktionieren sie nur entsprechend den Naturgesetzen, die für die meisten Menschen allerdings ebenso »okkult« sind wie der Blick in die Zukunft durch die Kristallkugel.

Lassen Sie sich also nicht von Spöttern und Zweiflern beirren, und versuchen Sie ruhig, hinter den Schleier zu sehen. Es ist nur eine Frage der Zeit, bis auch andere dazu imstande sind. Wenden Sie die Konzentrationsrituale in diesem Buch an – das verschafft Ihnen die Nähe zu Ihrer Kräuterhexe.

Sich mit der Kräuterhexe verbinden

Oder verbünden – ganz nach Bedarf. Dazu brauchen Sie ein paar Tage Meditation. Einmal reicht selbstverständlich nicht, Sie müssen diese Ruhezeit immer wieder einplanen. Vor allem wenn Sie spüren, dass Ihr Leben ein bisschen aus den Fugen gerät, weil der Stress im Beruf überhand nimmt, weil Ihr Privatleben chaotisch abläuft, weil Sie zu oft traurig oder missmutig sind, weil Sie sich selber nicht mehr leiden können – siehe oben! Dann sind lebensfeindliche Kräfte am Werk, die Sie mit Hilfe Ihrer Kräuterhexe von negativer in positive Energie umwandeln können:

Schärfen Sie Ihre Sinne, und Sie werden in der Natur auf Schritt und Tritt Kräutern und guten Pflanzengeistern begegnen, die Dichter besungen und Magierinnen beschworen haben.

Gönnen Sie sich regelmäßig einen Entspannungstag, ein Wellness-Wochenende, ein schönes Essen mit Ihrer besten Freundin, ein prickelndes Mahl mit Ihrem Liebsten.

Legen Sie gewissermaßen Ihren inneren Kräutergarten so an, wie Sie ihn am schönsten finden: wohl abgezirkelt wie um die Schlösser Frankreichs, als verwilderten englischen Park, als lichtes Wäldchen mit zahllosen Wildkräutern oder als bunten Bauern- oder südlichen Landhausgarten. Vielleicht wachsen Ihre Kräuter mitten zwischen Blumen, vielleicht sprießen sie unter üppig tragenden Obstbäumen, vielleicht stehen sie in schönen Terracottatöpfen auf einer Dachterrasse oder auf einem schnuckeligen kleinen Balkon.

Dieser innere Garten bietet uns Schutz, wenn es draußen drunter und drüber geht. Und dort begegnen wir auch unserer Kräuterhexe. Sie wird uns helfen beim Rühren und Mixen, beim Kochen und Backen. Licht, Wärme und Fruchtbarkeit umgeben uns, wir fühlen uns erfrischt und packen das Leben wieder von der richtigen Seite an.

Sich die Kraft der Kräuter zunutze machen

Aktivieren Sie Ihre Sinne, und Sie werden feststellen, dass Duft und Aroma von Kräutern allgegenwärtig sind: ein Potpourri in der Gesichtscreme, Pfefferminze in der Zahnpasta, Rosmarin im Bad, das Sie nehmen, wenn Ihnen richtig klamm ist, Salbei im Heilöl, das Sie inhalieren, wenn das Schnupfenvirus zugeschlagen hat, Lavendel in der frischen Bettwäsche und Fenchel im Tee, der Ihre Verdauung wieder in Ordnung bringt. Salat ohne Kräuter schmeckt fade, Lammkeule bekommt mit Thymian den letzten Pfiff, Basilikum gehört zu Sommer und Sonne, Tomaten und Toskana. Wir schmücken die Braut mit Myrte, bekränzten die Helden mit Lorbeer. Die Wahl gerade dieser Kräuter ist keineswegs Willkür, sondern beruht auf jahrtausendelanger Erfahrung. In diesem Buch finden Sie genügend Rezepte, Tipps und Anleitungen für all diese Lebensbereiche – egal ob es um Schönheit oder Gesundheit, Energie oder Entspannung, Kochen oder Backen geht.

Der Duft frischer Kräuter begleitet uns ein Leben lang. Ob wir sie nun innerlich oder äußerlich anwenden, spielt keine so große Rolle.

Die Kraft der Hexenkräuter

Seit Menschengedenken werden Kräuter in der Heilkunde, für rituelle Zwecke und natürlich auch in der Küche verwendet. Wir weißen Hexen haben das große Glück, dass wir heutzutage auf eine schier unglaubliche Fülle an überliefertem Wissen über die geheimen Kräuterwirkungen zurückgreifen können. Bevor wir diese jedoch gezielt einsetzen, müssen wir uns mit jedem einzelnen Kräutlein und seinen typischen Eigenheiten vertraut machen.

Was sind Hexenkräuter?

Alle, die uns nützen und schmecken. Und weil wir unser Hexenwissen aus so vielen verschiedenen Quellen schöpfen dürfen, gehen wir zurück in die Tiefe der Zeit und hinaus in die Weite des Raumes. Wir schaffen die Verbindung zu den Göttinnen der germanischen und keltischen Völker, zu Schamanen und Indianerfrauen, zu den Geheimnissen Asiens und den weisen Frauen des Schwarzen Kontinents.

Die Verwendung von Kräutern für religiöse, medizinische oder kulinarische Zwecke hat eine lange Tradition.

Auch Gräser, Gemüse und Getreide mit magischen Kräften gehören zu den Pflanzen, aus denen wir Hexen unsere Energie schöpfen, die wir für Ritual und Orakel brauchen, mit denen wir gegen Ängste und Kummer angehen. Mit duftenden Blumen und den schönen Zweigen der Bäume schmücken wir die Tafel fürs Liebesmahl, aktivieren den Power-Zauber für Erfolg und gute Gesundheit.

Wer sich mit Kräutern beschäftigt, wird feststellen, dass ihnen eine ganz eigene Kraft innewohnt, die man für sich nutzen kann.

Die Zauberkraft der Kräuter aktivieren

Dazu bedarf es keiner dämonischen Beschwörungsformeln, Sie müssen auch nicht um Mitternacht am Kreuzweg die Kröte küssen. Sie müssen sich nur mit der Kraft vertraut machen, die ohnehin in diesen oftmals so unscheinbaren und als Unkraut diffamierten Pflanzen steckt. Diese Kraft ist umfassend und wurde von den Kundigen immer genutzt: Die Priester im alten Ägypten brauchten Kräuter zum Einbalsamieren der Pharaonen. Stark aromatische Gewächse wie Fenchel oder Sellerie spielten eine wichtige Rolle bei den Mysterien, die im antiken Griechenland und im Orient gefeiert wurden. Die Heilkundigen in Mittelalter und Renaissance studierten Kräuter, die sie als potente Arzneimittel einsetzten. In den Kochbüchern unserer Großeltern und Eltern kann man nachlesen, wie man Kräuter in der Hausapotheke verwendet, und jahrhundertelang war eine vernünftige Ernährung wesentliches Gebiet der Medizin.

Bis zur Industrialisierung der Pharmazie gehörten Kräuter nicht nur in die Küche, sondern vor allem in die Apotheke. Ständig gewinnt die Naturheilkunde an Bedeutung, denn immer mehr Menschen misstrauen der Schulmedizin, die zwar für jedes Wehwehchen ein Mittel bereithält, aber viel zu wenig auf die Harmonie des Kosmos baut, dessen Teil wir sind. Ganz anders geht die Traditionelle Chinesische Medizin vor: Kräuter sind eine der Säulen, auf denen sie ruht. Auch Ayurveda und die Medizin der Indianer lassen sich nicht ohne Kräuter

Seit Urzeiten wissen Menschen aller Kontinente und Kulturkreise um die heilbringende und unterstützende Kraft der Kräuter.

anwenden. Wer sich intentsiv mit Kräutern beschäftigt, legt weite Strecken zurück – tatsächlich und in Gedanken. Denn bis auf wenige Ausnahmen stammen Kräuter nicht aus Mitteleuropa, sondern aus aller Welt: Kapuzinerkresse kam als Zierpflanze von Peru nach Europa, Basilikum ist aus Südindien zu uns gelangt, und selbst Majoran, deftig-handfest wie eine deutsche Wurst, wuchs einst in einer Region, die von Nordafrika bis Vorderasien reichte. Wildkräuter müssen Sie sich buchstäblich »ergehen«, denn nur beim Sammeln kann man sie wirklich bestimmen.

Lassen Sie sich also zuerst von der Kräuterhexe führen, indem Sie fremde Kräuter kennen lernen und kosten, täglich mindestens drei Kräutlein verwenden – in der Küche, für Ihre Gesundheit und für die Schönheit. Natürlich sollten Sie so viele Küchenkräuter wie möglich selber ziehen. Das geht am besten im Garten, doch auch der Balkon und selbst die Blumentöpfe am Küchenfenster sind geeignet. Anleitungen finden Sie im Kapitel »Hexenkräuter aus eigenem Anbau« ab Seite 48.

Lassen Sie sich dann von der Hexe einweihen, damit Sie auch die verborgenen Kräfte erfahren: Kräuter können durch ihren Geruch trösten oder beunruhigen – sie lösen beim Zubereiten ebenso starke Gefühle aus wie beim Essen, bewirken Wohlgefühl oder Ekel, heilen seelische und körperliche Wunden und – können töten. Doch das gehört nicht ins Gebiet der weißen Magie, die moderne Hexen praktizieren. Sie werden in diesem Buch kein einziges Kraut finden, das psychischen oder physischen Schaden anzurichten vermag. Deshalb fehlen hier auch angeblich typische Hexenkräuter wie Bilsenkraut und Stechapfel. Aus diesem Grund finden Sie auch keine so albernen Rezepte wie Hexensalbe oder Liebestrank. Die tatsächliche Gefahr, die von diesen Pflanzen und dem Aberglauben um sie ausgeht, brachte – und bringt noch heute! – unschuldigen Menschen Tod und Verderben, weil man sie als schwarzmagische Hexen und Zauberkünstler diffamierte. Ebenso habe ich auf alle Kräuter verzichtet, die zu den gefährdeten und somit schutzwürdigen Pflanzen zählen.

Nicht ins Buch aufgenommen wurden von mir ferner reine Heilkräuter, die nur Naturmediziner, Heilpraktiker und initiierte Hexen anwenden dürfen. Kalmus, Benediktenkraut oder Beinwell z. B. bergen zu viele Risiken für den Laien – sei es, dass man die Kräuter nicht in der Schwangerschaft anwenden darf oder dass sie Allergien auslösen können.

Moderne Hexen respektieren die Natur wie eine gute Mutter und wagen es nicht, sie zu verletzen oder zu berauben.

Die großen Hexenkräuter

Kräuter haben eine Seele. Kräuterhexen kennen diese Seele, hegen und pflegen sie, lernen von ihr. Weil wir unser Wissen aus dem tiefen Inneren der Natur beziehen, planen wir regelmäßig Meditationstage ein: Bei der Entspannung unterstützen uns Kräuter, die unsere Nerven streicheln. Rituale für mehr Kraft im Alltag sind mit Zauberkräutern verknüpft, die Pflanzendevas aktivieren. Wellness- und Gesundheitskräuter helfen uns in schwierigen seelischen Phasen und bei körperlicher Erschöpfung. Duftende Kräuter wie Bohnenkraut und Liebstöckel, die unser Blut in Wallung bringen, schenken uns Erfolg im Liebeswerben und Glück in der Partnerschaft.

Hexen nutzen die unverzichtbaren großen Kräuter – reine Frauenpflanzen wie Beifuß, Koriander und Petersilie, heilkräftige Gewächse wie Minze, Salbei und Brennnessel oder reinigende Kräuter wie Löwenzahn, Brunnenkresse und Lavendel. Man kombiniert sie mit den »kleinen« Kräutern wie beispielsweise Borretsch, Majoran oder Geißfuß, damit die freigesetzten Kräfte beherrschbar bleiben.

Anis (Pimpinella anisum)

Französische und italienische Kräuterhexen wissen um die segensreiche Wirkung von Anis und kredenzen ihrem Traumprinzen ein Gläschen Anisette oder Sambuca, damit die Liebe auch nach einem opulentem Mahl noch weitergeht. Denn das fein-süße, lakritzähnliche Gewürz gilt seit jeher als Frauenkraut und beste Verdauungshilfe. So servierten die Römer Aniskuchen als Abschluss des Hochzeitsmahls. Denken Sie nun nicht an Liebeszauber – das junge Paar sollte einfach die Freuden der gemeinsamen Nacht ungetrübt von jeglichen Beschwernissen genießen können.

Das in den Anissamen enthaltene ätherische Öl ist verantwortlich für den Anis-Beinamen »süßer Kümmel«.

Aus alter Tradition

»Kindbettlaiberl« stammen aus Bayern und wurden Frauen nach der Geburt ihres Babys gebracht. Die knusprigen, duftenden Plätzchen enthielten neben reichlich Anis viele Eier und Zucker, damit die junge Mutter rasch wieder zu Kräften kam und der Milchfluss angeregt wurde.

Anis für die Hexenküche

Für zartes Aroma nehmen Sie frische Blätter, weil sie milder würzen als getrocknete Samen. Anisblättchen, die Sie erst zum Schluss zugeben, also nicht mitkochen. Sie passen zu indischen Currys mit Hülsenfrüchten und/oder Kartoffeln oder zu Obstsalat und Konfitüren mit Sommerfrüchten. Fein zerkleinert schmecken sie in der Vinaigrette für Blattsalate und zu Rohkost.

… und für die Gesundheit

Anistee, gemischt mit Honig, ist ein wunderbarer Schlaftrunk. Anissamen kauen wirkt gegen Schluckauf.

Gut zu wissen

Frisches Aniskraut können Sie selbst anbauen und ernten (siehe Seite 54). Die Samen gibt es in Gartencentern, die Pflänzchen beim Gärtner oder über den Versand. Aniskraut (Agastache anisatum) gehört zur Minze- und Melissefamilie. Mit seinem stark aromatischen Duft nach Anis, der auch beim Trocknen erhalten bleibt, nehmen Kräuterhexen dieses Kraut gerne für Tee.

Arnika wächst heute nur noch in kargen Mittelgebirgen und steht unter Naturschutz. Deshalb sollte man die aromatisch duftenden, getrockneten Arnikablüten auch nur über die Apotheke beziehen.

Arnika (Arnica montana)

Das Engelskraut, wie Arnika auch genannt wird, schätzten schon die Germanen als Heilpflanze, das sie Freya, ihrer höchsten Göttin, gewidmet hatten. Im Götterhimmel der Asen thronte sie neben ihrem Gemahl Odin auf dem Hochsitz – Hinweis auf die besondere Stellung, die Frauen in der germanischen Gesellschaft innehatten. Ehe und Fruchtbarkeit standen unter ihrem Schutz, Frauen liebten sie, Mütter brachten ihr Opfer dar. Katzen zogen Freyas Wagen – geheimnisvoll und anschmiegsam, eigenwillig und unabhängig, verkörpern diese Tiere das weibliche Prinzip am besten.

Heute steht Arnika unter Naturschutz, so dass sich verantwortungsbewusste Kräuterhexen die Pflanze in der Apotheke und im Reformhaus besorgen. Als Tinktur oder Salbe hilft Arnika bei Zerrungen und Quetschungen, fördert die Durchblutung und steigert die Abwehrkräfte in den Schleimhäuten. Deshalb unterstützt es z. B. den Heilungsprozess bei Entzündungen in Mund und Rachen und lindert Schmerzen.

Ritual

Räucherungen mit Arnika gelten seit jeher als wirksamer Schutz vor Gewitter: Kräuterhexen stellen drei blaue Kerzen für das Himmelsgewölbe auf den Altar, geben drei getrocknete Arnikablüten in die Räucherschale auf die glühende Kohle und sprechen dabei folgende Beschwörung: »Steck Arnika an, dass sich das Wetter scheiden kann.«

Die Kräuterhexe warnt

Wegen möglicher Nebenwirkungen darf man Arnikatinktur nicht einnehmen und auch keinen Arnikatee trinken. Beide Präparate eignen sich nur für Umschläge und Spülungen.

Bärlauch (Allium ursinum)

Den kräuterkundigen Hexen ist er schon seit Jahrtausenden als Heilmittel und Küchenkraut bekannt, als man den Knoblauch nördlich der Alpen noch nicht kannte. Seine Namen sind deftig – Hexenzwiebel, Waldknoblauch oder Wurmlauch nennt man ihn auch. Doch die Familie ist edel: Bärlauch gehört zu den Liliengewächsen, die uns die schönsten Blumen schenken. Und wie seine Verwandten, die das Gewand von Göttern und Königinnen schmücken und Attribute von Heiligen sind, trägt auch Bärlauch wunderbar sattgrüne Blätter und hohe Stängel mit zarten, reinweißen Blütensternchen. Darüber vergisst man fast den recht penetranten Geruch, den die ganze Pflanze ausströmt.

Bärlauch für die Hexenküche

Kräuterhexen raten, die Blätter vor der Blüte im Mai und Juni zu sammeln. Man muss sie ganz frisch zubereiten und mit einem scharfen Messer fein schneiden. Sie schmecken roh, gedünstet oder gebacken und passen zu Salatsaucen, Kräuterquark, Gemüsecremesuppen, Kartoffelgratin, Schalottengemüse, Nudeln mit Sahnesauce und gebratenem Kaninchenfilet.

Gut zu wissen

Anders als die meisten Wildkräuter bekommt man Bärlauch im Mai und Juni auf dem Markt und bei manchen Gemüsehändlern. Außerdem können Sie ihn ganz leicht selber anbauen (siehe Seite 54).

... und für die Gesundheit

Bärlauch entschlackt den gesamten Organismus, senkt den Blutdruck und den Cholesterinspiegel, schützt Herz und Gefäße, fördert die Verdauung und sorgt für eine gesunde Darmflora.

Bereits im 16. Jahrhundert entdeckte man, wie man aus Basilikum ein Duftöl herstellen kann. Seit dieser Zeit hat es einen festen Platz in der Parfumherstellung.

Basilikum (Ocinum minimum)

Wichtig für uns Hexen ist die Kraft des Basilikums, die aus seiner tiefen Verbundenheit mit der Sonne herrührt; daher auch seine Bedeutung als Aphrodisiakum, das die Energie und die Hitze der Leidenschaft gespeichert hat. Das »Königskraut« kommt aus dem heißen Süden des indischen Subkontinents. Sommersonne braucht es auch bei uns in verschwenderischer Fülle, denn nur dann entwickelt sich das köstliche Aroma nach Minze und Nelken und der leicht süße Geschmack. In seiner Heimat zählt es zu den bevorzugten Pflanzen: Die Varietät Ocinum sanctum, das heilige Basilikum, spielt eine wichtige Rolle in der Ayurvedischen Ernährung. Dieses grünblättrige Tulsi (oder Tulasi) mit auffallend metallisch rotem Glanz ist die Pflanze des Hindugottes Vishnu, der die Schöpfung erhält und dämonische Mächte bekämpft. Ein wunderbares Bild erzählt uns, wie der Gott die Welt in drei Schritten durcheilt und damit den Lauf der Sonne symbolisiert: Sein erster Schritt ist der Aufgang am Morgen, mit dem zweiten erreicht er den Zenit, und der dritte ist abends mit dem Untergang des Gestirns getan.

Basilikum für die Hexenküche

Nehmen Sie ganz nach Belieben Blüten, Blätter und Stiele. Kräuterhexen experimentieren mit verschiedenen Sorten – je nach Gericht: Zitronenbasilikum schmeckt im zarten Vorspeisen-Salat, den Sie Ihrem Liebsten kredenzen. Kleines Buschbasilikum ist das richtige Kraut für Pesto und aromatische Tomatensauce. Wildes Basilikum mit dem kräftigen Duft der Bergamotte passt zu allen Gerichten mit südlichem Feuer wie Lamm, Pizza und Lasagne. Anisbasilikum und Zimtbasilikum würzen Obstsalate und süße Gerichte aus der orientalischen Küche, Tulsi ist ideal für edle Thai-Gerichte und Vegetarisches aus Indien.

… und für die Gesundheit

Basilikum regt den Appetit an, beruhigt Magen und Darm und lindert Blähungen. Ferner wirkt Basilikum krampflösend, antiseptisch und fördert bei Stillenden die Milchsekretion. In großen Mengen gegessen, führt es zu Schweißausbrüchen, deshalb hat man es früher auch zum Fiebersenken verwendet. Ostindisches Basilikum (Ocinum gratissimum) mit lindgrünen Blättern und schönen gelben Blüten verströmt einen zarten Nelkenduft und eignet sich für Teezubereitungen. Kräftiges Kampfer-Basilikum kann man mit anderen Kräutern mischen und ins Duftsäckchen füllen.

Gut zu wissen

Je kleiner die Blätter, desto aromatischer das Kraut. Gegart schmeckt Basilikum intensiver als roh. Doch Achtung: Im heißen Dampf wird frisches Basilikum braun. Deshalb die Speisen nach dem Garnieren nicht mehr zugedeckt warm halten, sondern gleich servieren.

Berühmtes Rezept

Für Pesto, die italienische Knoblauch-Kräuter-Sauce zu Spaghetti oder Minestrone, werden 4 geschälte Knoblauchzehen, 4 Bund Basilikum, 100 Gramm Pinienkerne, 75 Gramm zerbröckelter frischer Parmesankäse und 100 Milliliter natives Olivenöl extra im Mixer püriert. Das Püree nach Belieben mit Salz, Pfeffer aus der Mühle und 1 Esslöffel Zitronensaft abschmecken.

Beifuß (Artemisia vulgaris)

So unscheinbar er aussieht, so gewaltig ist sein Ruf: Beifuß fördert die Liebeslust bei Mensch und Tier. Deshalb schmückt man zum Almauftrieb in Süddeutschland auch die schönste Kuh und den besten Stier mit einem Beifußkranz, und in den Stall hängt man frisch gebundene Beifußkränze, um die Fruchtbarkeit zu fördern. Dabei scheinen sowohl der botanische als auch der volkstümliche Name der stattlichen Pflanze mit den filigranen, silbrigen Blättchen uns genau in die entgegengesetzte Richtung zu führen: Artemisia und Jungfernkraut erinnern an die jungfräuliche Griechengöttin Artemis, die jeden Mann, der sich ihr unerlaubt näherte, hart bestrafte. Es sind Unversehrtheit, Gesundheit und Selbstbestimmung, die Artemis den Frauen seit Urzeiten gewährte. Sie unterstützte, modern gesprochen, die Rechte der Frauen: Wer kinderlos bleiben wollte, wählte sie zur Schutzpatronin und bediente sich »ihres« Krautes, um die Regel auszulösen. Wer sich Kindersegen wünschte, umgürtete sich mit Beifuß, um leichter zu empfangen und zu gebären.

Aus alter Tradition

Mit Beifuß machte man Bier bitter und haltbar, lange bevor der Hopfen bekannt war, Krankenzimmer wurden damit ausgeräuchert und Motten vertrieben. In Cornwall war Beifußtee noch vor hundert Jahren ein billiger Ersatz für schwarzen Tee.

Beifuß für die Hexenküche

Er schmeckt am besten gegart, wenn er seine ganze Würzkraft entfalten kann. Kräuterhexen nehmen ihn zum Kochen, Schmoren und Braten. Damit sich das Aroma entwickelt, zerkleinern Sie das frische Kraut sehr fein oder zerreiben getrockneten Beifuß zwischen den Fingern. Am besten verträgt sich Beifuß mit Zwiebeln, Knoblauch und Pfeffer. Er passt zu Kohlrouladen mit Hackfleisch, Hülsenfrüchten, Sauerkraut, geschmortem und gebratenem Wildgeflügel und eignet sich als Füllung und Schmorsud für Gänse- und Entenbraten oder als Würze im Brotaufstrich aus ausgebratenem Gänse- und Schweinefett.

... und für die Gesundheit

Beifuß ist Gewürz für Deftiges: Genau wie beim nahe verwandten Wermut helfen seine bitteren Gerbstoffe bei der Verdauung von Fettem und Schwerem. In der Indianermedizin ist Beifuß ein Heilmittel gegen Erkältung.

Gut zu wissen

Am besten schmecken die frischen Triebspitzen und Blütenknospen von Beifuß. Pflücken Sie rechtzeitig vor der Blüte, die im Juli beginnt, denn die Knospen müssen noch fest geschlossen sein; bereits geöffnete Blüten sind zu bitter. Beifuß gehört aber auch zu den Kräutern, die sich sehr gut zum Trocknen eignen.

Ritual

Um zu Sonnwend die keltische Göttin Belisama zu ehren, stellen Sie schon am Morgen des 21. Juni drei frisch gepflückte Beifußzweige in eine hohe Vase. Mit dem Zauberstab berühren Sie nacheinander jeden Beifußzweig. Dabei sprechen Sie ein Gedicht, das Sie sehr lieben, und denken an die herrliche Zeit des Sommers, die vor Ihnen liegt. Abends nehmen Sie diesen Strauß der Göttin zum Sonnwendfeuer mit und werfen ihn in die Flammen. Damit sind alle schlechten Gedanken, Wünsche und Gefühle, mit denen Sie sich und andere gequält haben, getilgt.

Belisama bedeutet die »Leuchtende« oder die »Glänzende«, ihre Verehrung ist durch Inschriften in Frankreich bezeugt. Eine davon hat man in Vaison-la-Romaine, etwa 25 Kilometer nordöstlich von Orange, gefunden. Ein gewisser Segomaros, Bürger der Stadt Nîmes, weihte Belisama ein Heiligtum. Der Name der Göttin lebt noch heute in Orten wie Bellême oder Blesmes fort.

Bockshornklee

(Trigonella foenumgraecum)

Diese uralte Nutzpflanze hatten die Ägypter dem heiligen Apis-Stier geweiht, der mit dem höchsten Gott Osiris verbunden war. Auf Reliefs trägt der Stier eine Sonnenscheibe als Kopfschmuck, und im Tempel von Memphis wurden die wertvollen schwarzen Stiere wie menschliche Verstorbene in unterirdischen Grabkammern beigesetzt. Samen von Bockshornklee fand man auch im Grab des Tutanchamun.

Aus alter Tradition

Mit dem getrockneten Kraut ist der Schweizer Schabziger gewürzt – kleine, harte Kräuterkäse, die man fein gerieben aufs Butterbrot streut. Die Samen gehören zu den traditionellen Brotgewürzen im Orient und sind Bestandteil des indischen Garam Masala. Die frischen Blätter nimmt man als Würzkraut und Gemüse vor allem in der iranischen Küche.

Bohnenkraut verhindert, dass sich Krankheitskeime vermehren, und entlastet damit unser Immunsystem.

Bockshornklee für die Hexenküche

Sie können getrocknete Samen oder frisches Kraut nehmen, sollten jedoch vorsichtig dosieren. Die getrockneten Samen mit ihrem Geruch nach gebranntem Zucker und dem leicht bitteren Geschmack zerreiben Sie im Mörser und verwenden sie so sparsam wie Muskat. Das volle Aroma entwickelt sich beim Garen: Frische Blätter passen zu Zwiebelsuppe, Omeletts und Rühreier oder in die Füllung von Grillfisch. Die Samen eignen sich für indische Currys, geschmortes Lamm, Rindergulasch, kräftige Fischsuppe mit südlichen Kräutern, Hackfleischfüllungen für Teigtäschchen und Fladenbrot.

Gut zu wissen

Im Reformhaus, Naturkostladen und Asiengeschäft bekommen Sie ganze oder gemahlene Samen. Für frische Blätter müssen Sie Bockshornklee selbst anbauen (siehe Seite 55). Wichtig: Die Samen nach der Ernte nicht zu anderen Lebensmittel legen, denn frisch übertragen sie den Geruch am stärksten. Auch getrocknete Blätter und Samen muss man getrennt in gut verschlossenen Gefäßen kühl und dunkel aufbewahren.

… und für die Gesundheit

Bockshornkleesamen und -kraut schützen die Schleimhäute und fördern die Verdauung.

Bohnenkraut

(Satureia hortensis)

Bei uns weißen Hexen gilt das Bohnenkraut seit jeher als »Pflanze des Glücks« oder »Liebeskraut«, deshalb sparen wir damit auch nicht, wenn wir unseren Traumprinzen einladen. Schon Karl der Große kannte seine Heilwirkung bei Verdauungsbeschwerden, Magenkrämpfen und Gicht und befahl den Anbau in den Klostergärten. Den Mönchen selbst aber verbot er den Genuss der hübsch blühenden »Pfefferpflanze«, den Grund dafür können Sie sich denken.

Bohnenkraut für die Hexenküche

Am besten verwendet man das würzige, leicht scharfe Kraut mit dem ausgeprägten Geruch nach grünen Bohnen frisch: Zart und sanft im Geschmack ist das milde Sommerbohnenkraut für Salat, Kräuterquark, Dips und feine Saucen zu Fleisch. Zitronenkraut (Satureia biflora) passt wunderbar zu Grillfisch. Kräftig und eine Spur herb ist das winterharte Bergbohnenkraut (Satureia montana) für vegetarische Frikadellen, deftige Suppen mit Hülsenfrüchten, Kartoffeln, Rindfleisch und Lamm. Und das »hängende« Bohnenkraut (Satureia douglasii »Indian Mint«) bringt einen Hauch Minze, wenn man damit Spargelomelett, Sahnesaucen für Sommergemüse, gebratene Auberginen oder italienische Pastasaucen würzt. Die frischen Zweige kann man einfrieren oder trocknen und sie als Würze für Kartoffelpuffer, Bratkartoffeln, Zwiebelkuchen und Käsegebäck verwenden.

… und für die Gesundheit

Bohnenkraut wirkt antibakteriell. Seine Gerbstoffe machen fettes Essen besser verträglich und mindern die blähende Wirkung von Hülsenfrüchten.

Borretsch (Borago officinalis)

Er vertreibt trübe Gedanken und schenkt gute Träume, sagen wir Kräuterhexen. Kein Wunder, wenn man die Bienen und Hummeln beobachtet, die ihn umschwärmen – angelockt vom strahlenden Blau seiner Blütensternchen. Wir lieben das wundervoll erfrischende Gurkenaroma seiner Blätter, das so gut zur leichten Sommerküche passt. Borretschblüten verschönern kalte Milchmixgetränke, Sorbets mit frischem Obst, Zitronencremes und die Mischung aus Gurke, Joghurt und Mineralwasser, die man in der türkischen und orientalischen Küche als Erfrischungsgetränk reicht. Über den bunten Sommersalat streuen Kräuterhexen die Blüten erst ganz zum Schluss: Wenn die blauen Sternchen mit Essig oder Zitronensaft des Dressings in Berührung kommen, bilden sich rötliche Flecken.

Borretsch für die Schönheit

Seine frischen Blätter versorgen die Haut mit viel Feuchtigkeit und machen sie zart. Probieren Sie es aus: Auf Seite 100 verrate ich Ihnen das Rezept für eine Borretsch-Gesichtsmaske, vor einem Abend zu zweit.

Die blaue Blume der Sehnsucht

Ist Ihnen schon aufgefallen, wie sparsam uns die Natur mit blauen Blumen beschenkt? In ihrem eigenen satten Blau erstrahlen Borretsch, Vergissmeinnicht, Iris und Stiefmütterchen. Veilchen, Flieder, Ysop und Salbei spielen mit Rot und Violett, der Farbe der Mäßigung und des Gleichgewichts. Und so ist die blaue Blume zum Symbol der Sehnsucht geworden, zum unbestimmten Wünschen. Meiden Sie blaue Blumen bei Ritualen, wenn Sie Verborgenes aufdecken wollen. Doch wenn Sie Ihr Ziel genau definieren können und es durch weiße Magie erreichen wollen, dürfen Sie den Altar verschwenderisch mit blauen Blumen schmücken.

Brennnessel (Urtica dioica)

Vielen Menschen ist die Pflanze eher unheimlich – sicher weil man sich als Kind beim Spielen schon daran »gebrannt« hat. Brennnesseln wachsen und gedeihen an magischen Punkten – wo sich Erdstrahlen kreuzen und Wünschelruten ausschlagen. Und dann nehmen sie mit Vorliebe verlassene Gebäude ein, breiten sich in Ruinen aus. Doch die Menschen haben Brennnesseln auch immer genutzt: Aus den jungen Trieben kochten die Frauen Spinat und Gründonnerstagssuppe, und die Bauern nutzten Brennnesselbüschel, um die Saatkrähen vom frisch bestellten Feld fern zu halten. Abergläubischen galten Brennnesseln als Wohnsitz von Dämonen, doch Kräuterhexen wissen um die Kraft der Pflanzen: Im Frühjahr versetzen sie uns einen regelrechten Vitaminstoß und verwöhnen uns mit dem ersten zarten Grün, das unser Immunsystem stärkt.

Brennnesseln für die Hexenküche

Die Blätter werden blanchiert und fein geschnitten in kalte und warme Gerichte gemischt. Brennnesseln schmecken besonders gut mit aromatischen Zutaten wie Zwiebeln, Knoblauch und kräftigem Käse. Die Kräuterhexe kocht Kräuter- und Gemüsesuppen damit, bereitet sie als Nudelsauce mit Ricotta und Schinken zu, mischt sie in Füllungen für Ravioli und Maultaschen oder gibt sie als Würze zu Hühnerfrikassee, Kartoffelgulasch und Eierkuchen mit Speck.

... und für die Gesundheit

Brennnesseln enthalten wie alle Wildkräuter wesentlich mehr Mineralstoffe, Vitamine und Eiweiß als kultivierte Kräuter. Sie liefern vor allem Vitamin C, Eisen und möglicherweise eine Substanz, die den Blutzucker senkt. Die Naturheilkunde verordnet Brennnesseltee gegen Rheuma und Gicht.

Borretsch hat auch heilende Wirkung: Borretschblüten wirken sehr stark schleimlösend und sind daher als Tee zubereitet ein wirksames Mittel bei Erkältungen und Bronchitis. Darüber hinaus wirken sie entwässernd und schweißtreibend.

Brunnenkresse
(Nasturtium officinale)

Die weißen Blüten der Pflanze, die das frische, klare Wasser von sauberen Quellen, Brunnen und Bächen zum Gedeihen braucht, bilden ein Kreuz und erheben sich über die Wasseroberfläche. Das hat für uns Hexen symbolische Bedeutung: Brunnenkresse essen wir, wenn wir unseren Körper im Frühjahr reinigen wollen. Dabei widmen wir das würzige Kraut mit den dicken Stängeln und den saftigen Blättchen Hygieia, der Tochter des griechischen Heilgottes Asklepios und Göttin der Gesundheit.

Brunnenkresse für die Hexenküche

Die größeren, reifen Blätter schmecken am besten: aromatisch scharf und fein herb; die kleinen Blättchen sind noch nicht so würzig. Kräuterhexen entfernen beim Vorbereiten nur die dicken, hohlen Stängel, denn die zarten Stiele kann man mitessen. Damit Brunnenkresse im Salat schön knackig bleibt, wird sie erst unmittelbar vor dem Servieren mit den anderen Zutaten und dem Dressing gemischt. Die Blätter passen nicht nur zu Salat, Kräuterquark und Suppe, sondern würzen auch Wintergemüse mit Fenchel, Porree, Pastinaken, Petersilienwurzeln und Stangensellerie. Außerdem verfeinert frische Brunnenkresse Sahnesaucen zu Lachs, Langustenschwänzen, Filetgulasch und Lammgeschnetzeltem.

Brunnenkresse hält uns winterfit: sie enthält viermal so viel Vitamin C, Eisen und Vitamin A wie Kopfsalat.

Brunnenkresse für die Schönheit

Planen Sie einen Reinigungstag am 26. Februar ein, dem Fest der Göttin Hygieia. Und so wie die Begleiterin der Göttin, die Schlange, sich regelmäßig häutet, können auch Sie Ihre Haut durch ein Peeling mit Mandelkleie erneuern. Danach trinken Sie zum Frühstück einen Salbeitee und essen dazu ein Quarkbrot, auf das Sie dick Brunnenkresse streuen. Nach einem belebenden Kräuterbad mit einem Rosmarin-Badeöl machen Sie einen schönen Spaziergang – dick eingemummelt, wenn es draußen noch richtig kalt ist, aber mit viel Luft für die Haut, wenn die Frühlingssonne bereits genug Kraft hat.

Zu Mittag gibt es Brunnenkressesalat mit Zitronensaft und gutem Olivenöl, danach dürfen Sie sich ein Stündchen Schönheitsschlaf gönnen. Eine Tasse Löwenzahntee weckt Ihre Lebensgeister, ein paar Vollkornkekse stillen den Hunger und sorgen für eine gute Verdauung. Abends kochen Sie sich ein Süppchen aus Vollkorngetreide und Gemüsebrühe, dem Sie einen Schuss Sahne und reichlich frisch gehackte Brunnenkresse zugeben. Ein schöner Apfel zum Nachtisch und eine Tasse Schlaftee mit Hopfen und Baldrian beschließen Ihren Schönheitstag.

… und für die Gesundheit

Brunnenkresse gehört zu den Pflanzen, die uns reichlich Eisen liefern – wichtig für Menschen, die wenig Fleisch essen. Vermutlich wirken alle Kressearten heilsam bei Pilzinfektionen im Darm und neutralisieren Krebs erregende Substanzen.

Gut zu wissen

Seit knapp 200 Jahren wird Brunnenkresse auch kultiviert – bedeutende Anbaugebiete sind heute das Dreibrunnenfeld in Thüringen und die Picardie in Frankreich. Im Süden und Westen Englands baut man vor allem die nah verwandte Winterkresse (Rorippa nasturtium-aquaticum) mit braunen bis bronzefarbenen Blättern an, die man das ganze Jahr über ernten kann. In Deutschland wird Brunnenkresse von September bis Mai, in Frankreich von November bis März geerntet.

Dill (Anethum graveolens)

Er ist eines der Mittel gegen Dämonen und hilft uns Hexen deshalb beim Zaubern: Ein schöner, großer Dillstängel mit seinen zarten Fiederblättchen und gelbgrünen Blütendolden ist der richtige Zauberstab für laue Sommernächte, wenn Sie ein Entspannungsritual durchführen. Der betäubende Duft der Pflanze und die guten Substanzen im ätherischen Öl, das sie durchströmt, schenken Ruhe und Frieden nach Tagen mit viel Stress.

Dill für die Hexenküche

Der typisch würzige Dillgeschmack – süßlich und leicht scharf – kommt von seinem ätherischen Öl, das in allen Teilen der Pflanze enthalten ist. Deshalb nehmen wir Kräuterhexen frisch gepflückte Blättchen und Triebspitzen, die fein zerkleinerten Stängel und die etwas strenger schmeckenden Samen, die an Kümmel oder Fenchel erinnern. Für die Verwendung des Krauts gibt es die beste Regel überhaupt: Erlaubt ist, was schmeckt. Die ganzen oder zerkleinerten Stängel passen zu Fischbrühen, gedünsteten Miesmuscheln, eingelegten Eiern und Gurken, Würzessig und -öl. Mit Dillsamen, im Ganzen oder im Mörser zerkleinert, kann man Linsensuppe und Weißkohlgemüse, selbst gebackenes Brot und Zwiebelkuchen würzen. Kräuterhexen nehmen ihn auch anstelle von Kümmel für Ofenkartoffeln mit Kräuterquark.

… und für die Gesundheit

Dill gehört zu den Vitamin-C-reichen Kräutern, regt die Verdauung an und beruhigt die Nerven. Das Kauen von Dillsamen nach einem deftig-würzigen Essen lindert Blähungen und schenkt reinen Atem.

Berühmtes Rezept

Für Dillsauce, den Klassiker zu pochiertem Fisch, 2 Esslöffel Butter erhitzen, bis sie leicht schäumt, und darin 1 gehäuften Esslöffel Mehl goldgelb rösten. Je 1/4 Liter Fischbrühe und Milch langsam einrühren, aufkochen und die Sauce zugedeckt bei schwacher Hitze 10 Minuten kochen. 2 Bund fein zerkleinerten Dill und 200 Gramm süße Sahne in die Sauce rühren und bis knapp unter den Siedepunkt erhitzen. Mit Salz und Pfeffer abschmecken.

Gut zu wissen

Dill schmeckt zur Blütezeit von Juni bis September am besten.

Ritual

Im Hexenstrauß beim Ritual ergänzen sich Dill und Ringelblume: die handfesten und doch zarten sonnengelben Blüten der Blume binden die filigranen Dolden des Kräutleins der Träume an die Erde – das altsächsische Wort »dilla« bedeutet »einlullen«.

Dost

Dost heißt auch wilder Majoran und wird heute fast nur noch mit seinem italienischen Namen »Oregano« bezeichnet. Dort finden Sie die alte Gewürz- und Zauberpflanze auch (siehe Seite 35).

Im Norden Europas empfahl man gegen schlechten Schlaf, frisches Dillkraut unter den Kopf zu legen.

Estragon

(Artemisia dracunculus)

In alten Zeiten glaubte man, dass ein in der Kleidung verstecktes Estragonsträußchen vor Schlangenbiss schütze.

Kräuterhexen schätzen ihn wegen seiner medizinischen und kulinarischen Vorzüge, denn er stärkt Herz und Magen und eignet sich deshalb vorzüglich für ein Liebesmahl. Lassen Sie sich nicht beirren von seinem lateinischen Namen, mit dem angeblich ein »Drache« gemeint ist und der so männlich-martialisch klingt – vermutlich geht er auf die langen, verschlungenen Wurzeln dieser Pflanze zurück. Denn Estragon ist wie andere Artemis-Pflanzen ein Kraut der Frauen. Darin kannten sich schon die arabischen Ärzte der Antike aus, die das »tharchûn« empfahlen, um die Menstruation zu fördern. Testen Sie einfach einmal seine Liebeswirkung: mit Huhn à l'Estragon als Hauptgericht und einem estragonwürzigen, saftigen Obstsalat danach. Oder davor – wie man's nimmt …

Estragon für die Hexenküche

Das Kraut schmeckt frisch am besten. Kräuterhexen würzen sanft und delikat mit den frisch gepflückten rohen Blättchen – noch intensiver wird sein Aroma beim Kochen. Zum Aufbewahren ist Einfrieren ratsam, denn beim Trocknen verliert Estragon seine feine Würzkraft und entwickelt einen eher penetranten Geschmack. Fein gehackt passen die Blättchen zu Blattsalaten, Eierkuchen und Kräuterquark, zu kalten und warmen Saucen mit Crème fraîche, zu Vinaigrette für Artischocken, zu Grillmarinaden und Langostinos vom Grill.
Ganze Zweige nimmt man für geschmortes Fleisch mit Tomaten, für Kräuteressig und -öl oder für gebratenes, mariniertes Gemüse. Estragon gehört außerdem unbedingt in die Sauce béarnaise.

Gut zu wisssen

Es gibt zwei Sorten Estragon: den milden französischen oder deutschen «echten« Estragon mit seinem köstlich bittersüßen, leicht pfeffrigen Geschmack, der etwas an Anis erinnert, und die robuste Varietät «inodora«, der russische Estragon, der ein wenig derber im Aroma ist und oft recht bitter schmeckt wie sein Verwandter, der Wermut. Estragon schmeckt besonders aromatisch, wenn Sie ihn vor der Blüte ernten.

… und für die Gesundheit

Heute setzt man Estragon gerne als harntreibendes und die Verdauung stimulierendes Mittel ein. Er regt den Appetit an, beruhigt den Magen und soll sogar gegen Würmer helfen.

Berühmtes Rezept

Für Estragonöl 4 Zweige gewaschenen, gut trockengetupften Estragon in ein sauberes Schraubglas geben, 1 Liter natives Olivenöl extra darüber gießen und das Öl gut verschlossen dunkel und kühl maximal drei Wochen stehen lassen. Die Estragonzweige dann mit einer sauberen Gabel herausfischen.

Fenchelkraut
(Foeniculum vulgare)

Es klärt unseren Geist und stärkt unsere Sicht. Das wussten schon die weisen Frauen der Antike: Bei den griechischen Mysterien, den kultischen Feiern, an denen nur Eingeweihte teilnehmen durften, trug man Kränze aus Fenchelkraut. Der höchste Grad der Einweihung versprach die persönliche Kommunikation mit der Göttin, und der Kranz unterstützte diese geistige Schau. Gleichzeitig half er seinem Träger, den Kontakt zur Mutter Erde zu wahren. Auch Kräuterhexen machen sich dieses alte Wissen zunutze: Sie tragen den Fenchelkranz, um sich nicht im Unendlichen zu verlieren, wenn sie ein spannungsreiches Ritual durchführen.

Fenchelkraut für die Hexenküche

Würzfenchel ist viel älter als Gemüsefenchel, der verdickte, fleischige Knollen bildet. Das zarte Kraut sieht aus wie Dill, schmeckt ein wenig nach Anis und bildet große Blütendolden, die sich zu Samen entwickeln. Noch heute gehören zur mitteleuropäischen und nördlichen Küche eher die Samen, zur mediterranen – besonders zur sizilianischen – das frische Kraut. Kräuterhexen nehmen die frischen Blättchen roh oder kurz erhitzt, die Samen zum Kochen und Backen. Muschelsuppe und Hühnerbrühe, Risotto mit Fisch, sizilianische Sardinensauce zu Pasta, geschmortes Getreide mit Tomaten oder Getreidefrikadellen bekommen mit dem feinen Grün genau den richtigen Pfiff. Fenchelsamen – am besten selbst geerntet – geben wir zu indischen Currygerichten und türkischem Hackfleischkuchen, zu französischer Quiche mit Käse und Speck, zu deutschem Roggenbrot und feiner Konfitüre mit Erdbeeren oder Stachelbeeren.

… und für die Gesundheit

Die in den Samen enthaltenen ätherischen Öle fördern die Verdauung und lindern Blähungen und Verkrampfungen. Deshalb trinken stillende Mütter Fencheltee und geben die Entspannung an ihre Babys weiter. Fencheltee hilft auch gegen Husten und beruhigt die Nerven. Wer keine Zeit zum Teetrinken hat, kaut die Samen, die aber nicht ganz so wirksam sind.

Fenchelkraut für die Schönheit

Für eine Reinigungscreme mit Fenchelduft besorgen Sie sich 100 Gramm parfümfreie Reinigungscreme im Reformhaus oder in der Apotheke. Die Creme eventuell ganz leicht erwärmen, damit sie geschmeidig ist, und 1 Teelöffel getrocknetes, fein gehacktes Fenchelkraut dazugeben. Die Creme in einem verschlossenen Schraubglas im Kühlschrank aufbewahren.
Und so wenden Sie die Creme an: Gleichmäßig mit den Händen auf Gesicht, Hals und Dekolleté verteilen und mit kreisenden Bewegungen einmassieren. Mit einer weichen Gesichtsbürste erreichen Sie einen zusätzlichen Peeling-Effekt. Fünf bis zehn Minuten einwirken lassen und mit reichlich lauwarmem Wasser gründlich abwaschen. Nach dem Abtrocknen pflegen Sie die Haut je nach Tageszeit mit Ihrer Tages- oder Nachtcreme.

Selbst gemachte Cremes halten länger, wenn Sie statt mit den Fingern mit einem sauberen Spatel etwas vom Inhalt entnehmen.

Gänseblümchen
(Bellis perennis)

Seit Menschengedenken ist das Maiblümchen mit den schönen Frühlingsgöttinnen verbunden. Ovid, der römische Dichter der Liebe, widmete es Venus, verehrte es wie die Brautpflanze Myrte und die Blumenkönigin Rose. Andere Poeten verglichen die Himmelsblume mit der Sonne – das englische «Daisy« ist abgeleitet von «the day's eye«. Das Tausendschönchen, so weiß eine Legende, sei aus den Tränen der Jungfrau Maria gewachsen, als die Heilige Familie nach Ägypten fliehen musste. Und der rote Hauch mancher Blüten soll dadurch entstanden sein, dass der kleine Jesus sie geküsst hat.

Die Kränze aus Gänseblümchen, die kleine Mädchen flechten, galten früher als Hausmittel gegen Krämpfe und wurden Kindern unters Kopfkissen gelegt.

Gänseblümchen für die Hexenküche
Kräuterhexen verwenden die zarten, leicht herben Blätter und die Knospen im Juni, wenn sie am besten schmecken – natürlich frisch gepflückt. Sie passen zu Kartoffelsalat und Feldsalat, zu Dips und Saucen, zu Spargel, Pellkartoffeln, Eiern, Kräutersuppen und Spinatgemüse. Die weißen Blüten mit der leuchtend gelben Mitte dekorieren bunte Salate und kalte Saucen.

Gänseblümchen für die Schönheit
Für ein reinigendes und beruhigendes Gesichtswasser bei fetter Haut 4 Teelöffel Gänseblümchenblüten mit 100 Milliliter siedendem Wasser übergießen und zugedeckt 8 Minuten ziehen lassen. Den Auszug durch eine Kaffeefiltertüte gießen und abgekühlt mit 20 Milliliter 90%igem Weingeist aus der Apotheke mit den Quirlen des Handrührers oder dem Schneebesen etwa 2 Minuten gründlich mischen. Das Gesichtswasser in eine sauber gespülte Flasche füllen und gut verschlossen im Kühlschrank aufbewahren.

… und für die Gesundheit
Getrocknete Gänseblümchenblüten und -blätter schmecken mit Honig als Tee. Er wirkt blutreinigend, hilft bei Husten und ist gut für Magen, Gallenblase und Leber. Ein Umschlag aus frischen Blättern heilt Wunden, Ekzeme und Hautausschläge.

Gerste (Hordeum vulgare)

Für Kräuterhexen repräsentiert Gerste das weibliche Prinzip. Sie ist eine der elegantesten Getreidepflanzen – auf den halbhohen Halmen sitzen Ähren mit Grannen, so lang wie die Schnurrhaare einer Katze, und ein frühsommerliches Gerstenfeld erinnert an einen zartgrünen Schleier. Dabei hat sie eine ganze Menge Kraft: Gerste gedeiht noch in Höhenlagen von mehr als 4.000 Metern und jenseits des Polarkreises. Sie zählt auch zu den ältesten Kulturpflanzen der Menschheit, die schon vor 10.000 Jahren im Mittleren Osten angebaut worden sein soll. Einige Historiker halten sie für die wirtschaftliche Grundlage früher Hochkulturen an Euphrat und Nil, und bereits im Alten Ägypten gab es Brot und Bier aus Gerste. Auf griechischen Vasen ist Demeter, die Göttin des Ackerbaus, mit Gerstenhalmen in der Hand dargestellt.

Gerste für die Schönheit
Für schöne, straffe Haut 2 Esslöffel Gerstengraupen, 1 Stück Zucker, 1 gute Prise Salz und etwas fein geschnittene, unbehandelte Zitronenschale in einen Topf geben, mit reichlich kochendem Wasser übergießen und einige Minuten sanft rühren. Das Gerstenwasser zugedeckt abkühlen lassen und über den Tag verteilt immer wieder in kleinen Schlucken trinken.

… und für die Gesundheit
Gerste gilt in der Naturmedizin als kühles Lebensmittel und ist deshalb ein ideales Getreide für die heiße Jahreszeit. Die Körner helfen bei Verstopfung, beruhigen den Magen und heilen Sommergrippe. Sie enthalten keine Risikostoffe wie Cholesterin oder Purine, dafür cholesterinsenkende Ballaststoffe und Bioaktiv-Stoffe gegen Herzerkrankungen und vielleicht sogar Krebs.

Giersch

(Aegopodium podagraria)

Nach altem Volksglauben waren es nur gute Erdgeister, die in der Pflanze wohnten und ihre Heilkraft förderten: Giersch beruhigt den Bauch und lindert Verdauungsbeschwerden. Dafür schulden wir Kräuterhexen ihm Dank, und so verbinden wir regelmäßiges Jäten und kulinarischen Genuss: Giersch ist ein vitaminreiches Wildkraut und aromatisches Gemüse, seine frisch gepflückten jungen Blätter, die von April bis Juni ständig nachwachsen, schmecken nach Sellerie mit einem Hauch Petersilie, angenehm säuerlich und ein wenig herb. Seine Samen würzen wie Kümmel. Im Mittelalter kochten die Frauen frische Geißfußblätter, wie Giersch auch genannt wird, als Gemüse, Suppe und Püree. Erst als Nahrungspflanzen reichlich zur Verfügung standen, verbannte man Giersch als Unkraut aus den Gärten: »Er wächst ganz von selbst, ohne dass man ihn einpflanzt oder sät. Jedes Jahr nimmt er mehr Platz ein und verdrängt dabei die wertvolleren Kräuter«, beklagte sich ein Botaniker im 16. Jahrhundert. Tatsächlich gibt es nur wenige Pflanzen, die sich so hartnäckig dem Ausrupfen widersetzen, denn der Giersch vermehrt sich durch Wurzelausläufer, die ein immer dichteres Geflecht bilden.

Die Kräuterhexe warnt

Wie Giersch gehört auch der giftige Gefleckte Schierling zu den weiß blühenden Doldengewächsen, die Verwechslungsgefahr ist aber gering: Zerriebene Gierschblätter riechen angenehm würzig nach Petersilie mit einem Hauch Sellerie, Schierlingsblätter dagegen ekelhaft scharf nach Mäuseharn. Die Stängel von Giersch sind einfarbig grün, die von Schierling auffällig rotbraun gefleckt.

Gundermann

(Glechoma hederacea)

Einer seiner vielen Volksnamen besagt, wie lange Gundermann schon von heilkundigen, weisen Frauen genutzt wird: Als Donnerrebe war er dem germanischen Gott Donar heilig, der die Ernte schützte und die Menschen vor Unheil bewahrte. Kränze aus Gundermann holten den Gott in Haus, Hof und Stall: Die Kühe gaben mehr Milch, die Hühner legten fleißig Eier, den Gänsen wuchsen noch mehr weiche Daunen. Damit füllten die Frauen natürlich nicht die eigenen Decken, denn die flaumigen Federn brachten bare Münze oder genügend Lebensmittel, die man selbst nicht erzeugen konnte. Gundelrebe – vom altdeutschen »gruntreba« – heißt er, weil die langen Ausläufer am »Grund« wie Weinreben entlang kriechen, die man nicht hochgebunden hat. »Alehoof« nennt man ihn in Nordengland, weil er zum Bierbrauen verwendet wurde, bis der Hopfen ihn im 16. Jahrhundert ersetzte.

Gundermann für die Hexenküche

Wir verwenden das würzige, leicht scharfe Kraut mit dem zarten Duft nach Minze noch vor der Blüte von März bis Juni – für Salat, Suppe, Gemüse und Kräuterquark. Aber nehmen Sie nur die jungen Blättchen und Triebe, die Sie mit einem scharfen Messer fein schneiden – in der Kräutermühle zerkleinert, würzt Gundermann viel zu streng. Wenn Sie ihn mit anderen Kräutern kombinieren, brauchen Sie ein «süßes« oder erfrischendes Pendant wie Minze und Zitronenmelisse, Borretsch oder Sauerklee. Knoblauch, Schnittlauch, Zwiebeln und Pfeffer passen ebenfalls gut zu Gundermann. Die frisch gepflückten Blüten streuen Sie über kalte Gerichte – egal ob süße Nachspeisen oder herzhafte Salate.

… und für die Gesundheit

Gundermanntee wirkt gegen Husten und Heiserkeit.

Gerste gehört zu den Hauptnahrungsmitteln der Tibeter, die aus geröstetem Gerstenmehl einen dicken Brei, Tsampa genannt, und ein alkoholisches Getränk zubereiten, das sie Chang nennen.

Johanniskraut

(Hypericum perforatum)

Es beginnt um den Johannistag am 24. Juni zu blühen und gehört zu den segensreichsten Pflanzen, die uns die Natur geschenkt hat: Seine magische Wirkung wird seit dem Altertum gerühmt und genutzt – gegen böse, dämonische Mächte, als Liebesorakel und als Schutzkraut für Haus, Hof und Vieh. Im Gegensatz zu allen anderen Magiekräutern hat man es ausschließlich für guten Zauber eingesetzt und niemals um zu schaden. In jeder Hinsicht außergewöhnlich, besitzt die Pflanze mit den goldgelben Blüten drei Merkmale, an denen auch »junge« Kräuterhexen sie leicht erkennen: Erstens kommt ihr zweikantiger Stängel im Pflanzenreich nur ganz selten vor. Zweitens wirken die Blätter, als seien sie durchlöchert, wenn man sie gegen das Licht hält – daher auch der lateinische Name »perforatum« –, doch die kleinen, hellen Pünktchen, die das Licht durchscheinen lassen, sind nichts anderes als die Sekretzellen, die das kostbare ätherische Öl und das heilkräftige Harz bergen. Drittens verfärben sich die Knospen blutrot, sobald man sie zwischen den Fingern zerreibt. Der Farbe von Liebe und Blut verdankt das Kraut auch seinen Namen: Es ist nach Johannes dem Täufer benannt, der den Verführungskünsten der Prinzessin Salome widerstand. Dafür forderte sie seinen Kopf, den sie auch bekam – auf einer goldenen Schüssel. Ihre Rache konnte sie aber nicht auskosten, sie verzweifelte daran und musste schließlich wegen ihres Frevels an dem heiligen Mann sterben. So erinnert Johanniskraut an vergossenes Blut, verheißt aber auch Genesung von Krankheit, Kummer und Verzweiflung. Als Gewürz verwenden Kräuterhexen das Kraut des Täufers nicht; es dient nur der Gesundheit und dem Glück. Denn es verzaubert – wie damals die schöne Prinzessin den mächtigen Propheten: Liest man die tragische Geschichte der beiden genau, hatte der Mann den Kopf ja schon verloren, bevor der Henker zu ihm hinab in den Kerker stieg …

In der ehemaligen Sowjetunion verwendet man getrocknetes Johanniskraut als Würzmittel für Fleisch- und Fischspeisen und zur Herstellung von Bitterlikören.

Aus alter Tradition

Johanniskraut, das mit Wein und Oregano gekocht wird, soll von aussichtloser Liebe kurieren. Für ein Liebesorakel presst man die Knospen aus, denkt dabei an den Liebsten und achtet auf die Farbe des Saftes: Ist er schön rot, können Sie in Ruhe weiterlieben. Tritt ein eher farbloser Saft aus, sollten Sie Mann und Beziehung nochmal genauer unter die Lupe nehmen …

Johanniskraut für die Gesundheit

Alle positiven Wirkungen der alten Kräuterheilkunde hat die moderne Phytotherapie längst bestätigt: Der rote Saft im Kraut enthält Gerbstoffe, die den Kreislauf ankurbeln, und Substanzen, die als Stimmungsaufheller wirken. Man nimmt Johanniskrautpräparate im Winter, wenn wir nur wenig Licht und Sonne bekommen, denn seine Wirkstoffe vertreiben Depressionen und Lustlosigkeit. Außerdem hilft Johanniskrautöl äußerlich angewendet bei Muskelschmerzen, Verletzungen und Verbrennungen.
Ein kleiner Vorrat an – vorzugsweise – selbst angebautem und getrocknetem Johanniskraut (Kraut und Blüten, am besten in einem Schraubglas aufbewahrt) sollte in keiner Hexenküche fehlen. Ein daraus aufgebrühter Tee hilft in Phasen großer psychischer Anstrengung. Seine nervenberuhigende Wirkung verschafft Linderung, vorausgesetzt, man trinkt den Tee regelmäßig über einen längeren Zeitraum hinweg.

Kapuzinerkresse

(Tropaeolum maius)

Eine Ahnfrau von uns Kräuterhexen hat ihr den Namen »Salatblume« gegeben und damit ins Schwarze getroffen: Sie wächst und blüht den ganzen Sommer über, so dass wir Knospen, Blüten und junge Blätter ständig ernten können. Sie verschönt bunte Salate und schmeckt ein bisschen nach Gartenkresse, ein wenig pfeffrig und so saftig-erfrischend wie Brunnenkresse. Und weil sie seit jeher in Bauerngärten wächst, wissen nur Eingeweihte um ihre exotische Vergangenheit: Kapuzinerkresse kam einst als Zierpflanze von Peru nach Europa, schmückte mit ihren leuchtend roten oder orangefarbenen Trompetenblüten die Parkanlagen des Adels und die Gärten der reichen Klöster. Als Küchenkraut haben die Frauen das »Gelbe Vögerl« schon im 17. Jahrhundert verwendet, weil es so wunderbar mild würzt.

Kapuzinerkresse für die Hexenküche

Alles muss frisch gepflückt sein: Blätter, Blüten und Knospen. Mit den Blüten garnieren Sie Salat und kalte Suppen, sommerliche Obsttorten und Drinks. Mit den fein zerkleinerten Blättern würzen Sie Vinaigrette und Remoulade, Senfsauce und Kräuterbutter. Frisch gepflückte Blütenknospen können Sie wie Kapern einlegen (siehe unten). In einem perforierten Kunststoffbeutel hält sich Kapuzinerkresse im Kühlschrank ein paar Tage.

… und für die Gesundheit

Die frischen Blätter sind wahre Vitamin-C-Bomben: Mit 300 Milligramm pro 100 Gramm liegen sie weit über dem Vitamingehalt von Orangen und übertreffen Paprikaschoten und Petersilie um nahezu das Doppelte. Sicher ist auch, dass Kapuzinerkresse die Abwehrkräfte des gesamten Organismus stärkt.

Berühmtes Rezept

Die noch fest geschlossenen Blütenknospen waschen und mit Salz bestreut einige Stunden ziehen lassen. Die Knospen etwa eine Minute blanchieren, abgetropft in Gläser geben und mit kochend heißem Essig übergießen. Die Gläser sofort verschließen (siehe auch Seite 86).

Die Kapuzinerkresse hat wegen ihrer antibiotischen Eigenschaften positiven Einfluss auf eine Reihe von Stoffwechselstörungen. Den Salat aus ihr bezeichnet man auch gerne als »Kardinalssalat«.

Kraft durch Sommerfarben

Gelbe Kapuzinerkresse und roter Mohn vereinen die Farben des Sommers, die Strahlen der Sonne und die Glut der Hitze. Feiern Sie die schönste Zeit des Jahres mit einem Freundschaftsmahl, zu dem Sie alle einladen, die Ihnen lieb und teuer sind. Tischen Sie Gerichte auf, in denen sich die Farben wiederholen: eingelegte rote und gelbe Paprikaschoten als Vorspeise, Maiskolben mit Butter, würzige Tomatensauce zu selbst gemachten Eiernudeln oder safrangelbes Hühnercurry mit prallen, roten Tomaten. Zu trinken gibt es Erdbeerbowle und zum Dessert Pfirsichtorte. Selbstverständlich bildet den Mittelpunkt der festlichen Tafel eine schöne Schale mit Kapuzinerkresse und Mohn.

Kerbel (Anthriscus cerefolium)

Kräuterhexen lieben ihn: Im Frühling gehört Kerbel zu den ersten Pflanzen, die rasch wachsen und uns ihr zartes Grün schenken. Und er verwöhnt uns mit Vitaminen und Mineralstoffen, die das Blut reinigen. Seit dem Mittelalter ist Kerbel deshalb auch das Kraut der Fastenzeit. Denn Hexen wissen, dass es beim Fasten nicht ums Abnehmen geht, wie die meisten Menschen heute fälschlicherweise glauben, sondern um die Reinigung von innen, die uns neue Impulse gibt und uns beim Loslassen des Alten, Überlebten hilft.

Einige Kerbelpflänzchen sollten Sie hoch wachsen lassen und dann die Blütendolden mit den noch geschlossenen Blüten ernten. Sie schmecken noch intensiver als das Kraut.

Kerbel für die Hexenküche

Der Hauch Petersilie macht ihn zum Kraut für Suppen, die Spur Anis zum idealen Begleiter für Fisch. Außerdem passen seine zarten, fein-süßen Blättchen mit dem unverwechselbaren Aroma zu allem, was uns der Frühling an Delikatessen beschert: neue Kartoffeln und frische Sahne, kräuterwürzige Maibutter und knackiger Spargel, köstliche Morcheln und sogar Erdbeeren. Kräuterhexen mischen beim Maifrühstück mit ihren Freundinnen die Blättchen in die Remoulade zum Räucherlachs oder streuen sie über Eier im Glas, die sie dem Liebsten kredenzen. Sie kochen damit Konfitüren aus den ersten Sommerfrüchten und würzen mit Kerbel die Creme für Obsttorten. Vor allem aber verwenden sie Kerbel nur frisch, möglichst gleich nach dem Pflücken, denn beim Aufbewahren und erst recht beim Trocknen geht der ganze Genuss verloren.

... und für die Gesundheit

Kräuterhexen empfehlen den Saft für die Frühjahrskur, weil er harntreibend, entwässernd und blutreinigend wirkt. Er regt die Bildung von Magensaft an und hilft so bei der Verdauung, lässt uns schwitzen und reinigt die Haut von innen. Dazu enthält er eine Menge Vitamin C für ein intaktes Immunsystem.

Die Kräuterhexe warnt

Wenn Sie Kerbel selber ziehen und die ganzen Pflänzchen ernten: Die Wurzeln sollte man nicht essen, da sie als giftig gelten.

Knoblauchsrauke

(Alliaria officinalis)

Knoblauchhederich oder auch Lauchkraut, wie die schöne Frühlingspflanze im Volksmund genannt wird, galt ebenso wie Knoblauch als Mittel gegen Dämonen, den bösen Blick und verschiedene andere Übel. Weise Frauen und Kräuterkundige wussten um die wohltätige Wirkung und empfahlen das frische Kraut gegen Schmerzen in der Brust, bei Entzündungen und Darmbeschwerden.

Knoblauchsrauke für die Hexenküche

Das Aroma können Sie nach Belieben steuern: Zarter Knoblauchduft entwickelt sich beim Schneiden der Blätter, unzerkleinert schmecken sie eher nach Lauch. Erhitzen oder gar Kochen verträgt die Pflanze allerdings nicht. Wir nehmen deshalb die jungen Blätter für bunte Frühlingssalate, Rohkost und Kräuterquark, streuen sie über Crostini mit beliebigem Belag oder geben sie zum Schluss an neue Kartoffeln, die wir in Olivenöl gebraten haben. Wir würzen Gnocchi und Nudeln in Sahnesauce damit, bevor der frisch geriebene Parmesan darüber kommt, und die großen Sommerblätter verwenden wir für Marinaden, in die wir Fleisch und Fisch für den Holzkohlegrill legen.

... und für die Gesundheit

Knoblauchsrauke ist der einzige Kohl, der knofelt. Seine Verwandtschaft zum Kohl könnte auch dessen Heilkraft umfassen: Alle Kohlgemüse verbessern die Fließeigenschaften des Blutes und beugen Bluthochdruck und Schlaganfall vor.

Koriander

(Coriandrum sativum)

Korianderkraut und -körner lieben Kräuterhexen aus aller Welt – und das seit Urzeiten. Das Grün ist all jenen vertraut, die sich mit Vietnam, Thailand und Mexiko verbunden fühlen, die Körner gehören seit Generationen zu den Küchen des Nordens, und die frischen Wurzeln der Pflanze sind notwendige Ingredienzien der afrikanischen und östlichen Mittelmeerküche. Koriander ist auch eines der ältesten Gewürze, das die Menschen verehren: Im alten Ägypten spendete selbst der Pharao die Pflanzen dem Tempel der Göttin. Und auch in der Bibel wird von Koriander berichtet: Gott gibt seinem Volk so köstliche Brote wie Honigkuchen und so viele wie Korianderkörner. Vermutlich nahm man auch bereits in der Antike den ausgepressten Saft für Schönheit und Genuss – die Rezepte dafür tauchen zumindest ein paar Jahrhunderte später wieder in arabischen Werken auf. Im Paris des 17. Jahrhunderts war Koriander Bestandteil des »Eau de Carnes«, das als Likör genossen und als Duftwässerchen verwendet wurde.

Koriander für die Hexenküche

Die frischen Blätter müssen Sie mit einem scharfen Messer oder mit der Küchenschere ganz sauber schneiden, dann riecht und schmeckt das Kraut wunderbar würzig. In der Kräutermühle zerkleinert oder gehackt, entwickelt es sich eher unangenehm und macht seinem Spitznamen »Wanzenkraut« alle Ehre. Die Wurzeln – sie werden gewaschen und ebenfalls fein gehackt – schmecken noch etwas intensiver als das Kraut. Und dann kosten Sie doch einmal Kräutersauce zu Grillfisch: Minze, Koriandergrün, Fenchelgrün und ein paar Blättchen Liebstöckel zerkleinern, mit Pfeffer aus der Mühle, etwas Honig, thailändischer Fischsauce und etwas Öl mischen. Außerdem können Sie das frische Grün zu allen Salatsaucen oder zu Gurken-, Fisch- und Eiersalat nehmen. Es passt zu Reisnudeln mit frischer Kokosnuss, Hähnchentopf mit Gemüse und gebratenem Reis mit Schweinefleisch. Korianderwurzeln verwendet man für Rinderragout, geschmortes Lammfleisch mit Spinat und selbst gemixte asiatische Würzpasten. Korianderkörner sollten Sie kurz in Fett anrösten. Sie schmecken zu eingelegtem Schafskäse und in der Füllung für Weinblätter, zu geschmorten Zwiebeln mit Wein, Tomatensuppe mit Linsen und indischen Gewürzen, Lasagne mit Spinat, Okraschoten mit Tomaten, Schmorhähnchen mit Lorbeer, Zimt, Knoblauch, Zwiebeln und Wein, Kartoffelbrötchen, Gewürzkuchen, Chutney und marinierten Oliven.

Korianderöl dient in der Pharmazie als Geruchsverbesserer von Salben und Medikamenten.

... und für die Gesundheit

Das frische Koriandergrün liefert Vitamin C, die reifen Körner stärken zerkaut oder als Tee nicht nur Magen und Darm, sondern lindern auch Blähungen und andere Krämpfe im Verdauungstrakt.

Kreuzkümmel

Korianderkraut kombinieren Kräuterhexen gerne mit Kreuzkümmel (Cuminum cyminum), der auch als römischer Kümmel oder Kumin bekannt ist und zur Küche mediterraner und asiatischer Regionen gehört: In Marokko, den arabischen Ländern, Südostasien und Mexiko zählt er zu den wichtigsten Gewürzen und ist Bestandteil der drei echt indischen Currymischungen Kari, Garam Masala und Panch Phoron. Am besten schmecken die ganzen Körner, die man so heiß in einer Pfanne röstet, dass sie platzen. Dann werden sie abgekühlt und im Mörser zerrieben.

Kresse (Lepidium sativum)

Viele von uns haben durch diese Pflanze ihre tiefe Verbundenheit zu den Kräutern und zur Natur entdeckt und damit das Geheimnis des Lebens und auch der eigenen Weiblichkeit. Keimen, Wachsen und Reifen der Kresse vollzieht sich sehr rasch: Bereits nach zwei Tagen öffnen sich die Samen, nach spätestens zehn Tagen kann man ernten. Lässt man sie weiterwachsen, kommen die kleinen, weißrosa Blüten und schließlich die Schötchen mit den Samen, die man wieder aussäen kann.

Aus alter Tradition

Frühling und Fruchtbarkeit sind untrennbar miteinander verbunden. Sinnbild dafür ist das Adonis-Gärtlein, das ursprünglich nur griechische Frauen vor Ostern pflanzten, doch inzwischen schmücken auch wir Kräuterhexen unseren Ostertisch damit: Wenn Kressesamen, Getreidekörner, Alfalfa und Senfsamen rechtzeitig in der vorösterlichen Fastenzeit gesät werden, bilden sie zum Fest einen wunderschönen, zartgrünen Rasen.

Kresse für die Hexenküche

Wir Kräuterhexen begnügen uns nicht mit den zarten Keimblättchen, denn je höher die Kresse wächst, desto schärfer schmeckt sie: zunächst würzig und erfrischend, dann wie scharfer Senf und schließlich fast so Tränen treibend wie Meerrettich. Kleine Blätter passen zu Butterbrot, Rührei, Vinaigrette und Kräuterquark. Halb fingerhoch nimmt man sie für Blattsalate oder kombiniert sie mit Obst, Dips für gebackenen Fisch, Räucherlachs mit Kartoffelpuffern oder Blinis. Die scharfen Blätter schmecken zu kräftigen Salaten mit Kartoffeln, Eiern oder Käse, in kalten Saucen zu Pellkartoffeln und gebratenem oder gebackenem Gemüse.

… und für die Gesundheit

Wegen ihrer vielen Vitamine und Mineralstoffe ist Kresse ideal für die gemüse- und kräuterarme Winterzeit geeignet; durch ihre beachtlichen Mengen an Vitamin C galt sie deshalb auch als Mittel gegen Skorbut. Der hohe Eisengehalt regt die Blutbildung an und macht munter, ihre scharfen Senföle wirken gegen Pilzinfektionen im Körper, und ihre Bitterstoffe regen den Gallenfluss an und helfen so bei der Verdauung. Man nimmt an, dass Kresse auch wirksame Stoffe gegen Krebs erregende Substanzen enthält.

Kresse speichert Nitrat, deshalb sollte man sie möglichst aus kontrolliert ökologischem Anbau kaufen oder beim Essen mit Zitronen- oder Orangensaft kombinieren, denn Vitamin C verhindert die Bildung von schädlichem Nitrit.

Die Blume des Adonis

Adonis, von den alten Griechen als Gott verehrt, wurde zum Symbol des Frühlingserwachens der Natur wie auch zum Sinnbild ihres Sterbens im Herbst. Zwar hatte Aphrodite, die Göttin der Liebe und Schönheit, sich ihn zum Gefährten erwählt, doch auch Persephone – ursprünglich wie ihre Mutter Demeter eine Göttin des Wachstums, später Gemahlin des Gottes der Unterwelt – hatte ein Auge auf den schönen Jüngling geworfen. Zeus entschied, dass Adonis ein Drittel des Jahres mit Aphrodite, ein zweites Drittel mit Persephone und das letzte Drittel mit sich alleine verbringen sollte. Doch wie so mancher Befehl des Göttervaters wurde auch dieser unterlaufen, und zwar von Adonis selbst: Den Jüngling zog es nämlich über die Zeit hinaus zur Liebesgöttin, was ihn das Leben kostete. Ein riesiges Wildschwein stürmte das Liebesnest der beiden und tötete ihn. Doch weil Adonis zu den Unsterblichen zählte und eine Göttin als Gönnerin hatte, ließ Aphrodite aus seinem Blut das Adonisröschen wachsen. Dann überredete sie Persephone, Herrscherin der Unterwelt, Adonis alljährlich im Frühling für vier Monate auf die Erde zurückkehren zu lassen.

Lavendel

(Lavandula angustifolia)

Sie ist die Pflanze der Schönheit und prägt seit alters her ganze Landschaften: Berühmt sind die blauen Felder der Provence, wo Lavendel zu Essenzen und ätherischen Ölen destilliert wird, und als ungemein wohltuend empfindet man die riesigen Lavendelbüsche in England, die kleine Vorgärten und große Parks schmücken. Zarter Lavendelduft umgibt schöne Frauen, durchzieht edle Landhäuser und zeugt von Ordnung im Wäscheschrank. Kräuterhexen nehmen Lavendel für Räucherungen, um Ärger und Wut aufzulösen, denn Lavendel vertreibt neben bösen Geistern und Ungeziefer auch böse Gedanken.

Lavendel für die Hexenküche

Die meisten Kräuerhexen finden, dass Lavendel besser in die Räucherschale und in den Wäscheschrank passt als in den Kochtopf. Doch einige Gerichte gibt es, denen die herb-würzigen, leicht bitteren Triebe richtig gut tun. Allerdings sollte man nur die jungen Triebe verwenden, und dies auch sehr sparsam – für einen Hauch von Würze sogar roh. Beim Garen entfaltet Lavendel dann sein ganzes Aroma. Lavendeltriebe mit Blüten schmecken am besten frisch gepflückt zu grünen Sommersalaten mit gebratenem Ziegenkäse oder heißen Roquefortcroûtons, Fischsuppe mit Mittelmeerfischen und Meeresfrüchten, Konfitüren mit Pfirsich, Brombeergelee und Sommerbowle mit Melonen. Blühende Lavendelzweige sind gute Ölpinsel für Fisch und Lamm vom Grill.

… und für die Gesundheit

Lavendelblüten beruhigen die Nerven – als Tee, Badewasserzusatz oder im Mullsäckchen unter dem Kopfkissen. Die Gerbstoffe in Blättern und Blüten helfen bei der Verdauung.

Getrocknete Lavendelblüten werden mehr wegen ihrer schönen Farbe als wegen des Geschmacks den Herbes de Provence beigefügt.

Liebstöckel

(Levisticum officinale)

Mit dem »Stöckchen der Liebe« glaubten einst junge Männer, die Auserwählte an sich fesseln zu können; sie trugen das Kraut samt Stängel und Wurzel bei sich, und die Wirkung soll so stark gewesen sein, dass selbst spröde Mädchen ihnen willenlos folgen mussten. Männerphantasie oder Zaubermacht? Jedenfalls testeten auch Frauen die erotische Kraft des Krauts, kochten einen Absud und badeten darin. Über den Erfolg sind die Meinungen geteilt – das Kraut riecht nun mal stark nach einer bekannten Suppenwürze. Kulinarisch ist Liebstöckel deshalb immer ein Volltreffer. So hat das Kraut seine beziehungsreichen Namen behalten – heißt »Luststock« in Kärnten oder »Lovage« in England, was mit »Love Parsley« zusammenhängt und »Petersilie der Liebe« bedeutet, deren erotische Durchschlagskraft ja seit Urzeiten bekannt ist.

Liebstöckel für die Hexenküche

Vom »Suppenlob« nehmen wir Kräuterhexen alles, jedoch sehr sparsam: die Blätter und die hohlen Stängel, die grünlichgelben Blüten, die braunen Samen und die Wurzeln. Übrigens bleibt die intensive Würzkraft sogar bei langen Gar- und Backzeiten erhalten. Feine Liebstöckelgerichte sind Nudeln mit Rindfleisch, Kartoffel- und Möhrensalat, Mayonnaisesauce zu Ofenkartoffeln oder gebackenen Roten Beten. Die Samen passen zu Zwiebelkuchen oder Quiche mit Speck und/oder Käse. Die Wurzeln können Sie wie Petersilienwurzel als Gemüse dünsten, braten oder frittieren.

… und für die Gesundheit

Liebstöckel ist durch seine kräftige Würzkraft ideal bei salzarmer Diät.

Junge Löwenzahnblätter können auch wie Spinat gedünstet und mit einem Hauch Knoblauch verfeinert werden.

Löffelkraut

(Cochlearia officinalis)

Kräuterhexen haben ihm viele Namen gegeben: Bitterkraut, weil es so herb schmeckt, Kressekraut, weil es wie diese die Schärfe von Senfgewächsen besitzt, Froschlöffel, weil man es in der Nähe von Wasser findet. Und Skorbutkraut, weil es mit seinem hohen Vitamin-C-Gehalt der gefürchteten Mangelkrankheit vorbeugte: Als Orangen noch Zierfrüchte in den fürstlichen Orangerien und viel zu kostbar zum Essen waren, trank man für den morgendlichen Vitaminstoß ein Gläschen Löffelkrautsaft.

Löffelkraut für die Hexenküche

Es riecht nach Senf und schmeckt erfrischend, ein wenig nach Kresse, ein wenig bitter. Beim Kochen hilft es Salz sparen, denn die saftigen Blätter liefern genug davon. Löffelkraut schmeckt nur frisch, denn beim Einfrieren verliert es zu viel Flüssigkeit und beim Trocknen zu viel Aroma. Kräuterhexen nehmen es für die Vinaigrette zu Salat und Rohkost, in Frischkäsedips und Kräuterbutter, als Brotaufstrich unter Radieschen oder würzigem Käse, in Buttersauce zu gedünstetem Fenchel und zu geschmorten Pilzen mit gebratenem Speck.

… und für die Gesundheit

Sammeln Sie die Blättchen vor der Blüte im Mai, denn dann ist die Zusammensetzung optimal. Löffelkraut enthält sehr viel Vitamin C, Mineralien, Gerb- und Bitterstoffe, ist also das ideale Kraut für die Frühjahrskur.

Löwenzahn

(Taraxacum officinale)

Als es noch keine Teemischungen gegen Blasen- und Gallenleiden gab, als man Rheuma- und Gichtschmerzen noch mit Pflanzen linderte, haben heilkundige Frauen Löwenzahn im April und Mai gesammelt, zu Saft gepresst und die Blätter und Wurzeln für Teezubereitungen getrocknet. Von allen Pflanzen, die in Deutschland wachsen, trägt er die meisten volkstümlichen Namen: »Pusteblume« kennen wir alle, sein Name »Mönchskopf« hängt damit zusammen, dass der kahle Blütenboden an die Tonsur eines Mönchs erinnert, wenn der Wind die Schirmchen verweht hat, damit sie die Samen in die Erde versenken. »Märzblume« weist auf seine frühe Blütezeit hin, und die germanischen Völker widmeten ihn ihrer Götterkönigin Freya, der Beschützerin von Ehe und Fruchtbarkeit. Im Mittelalter bekam die Pflanze ihren bekanntesten Namen: Löwenzahn wurde Attribut von Maria als der »Mutter des Löwen« – Hinweis auf den Löwenmut Christi, der sein Leben für die Erlösung der Menschheit gab. Seit Urzeiten gehört Löwenzahn auch zu den wichtigsten Heilpflanzen.

Gut zu wissen

Damit herber Löwenzahnsalat milder schmeckt, löscht man den Bratensatz von Speckwürfeln mit Essig ab, mischt Senf und Öl darunter und gießt das Ganze heiß über die vorbereiteten Blätter. Eine andere Möglichkeit ist, Löwenzahn zehn Minuten in Salzwasser einzulegen.

Löwenzahn für die Hexenküche

Kräuterhexen verwenden nur die kleinen, jungen Blätter, denn die größeren schmecken zu bitter. Außerdem kann man die geschlossenen Knospen wie Kapuzinerkresse-Kapern einlegen (Rezept Seite 27) und die eben geöffneten Blüten verwenden. Nach der Blütezeit ist der Genuss dann allerdings vorbei – die Blätter sind zu groß, das Aroma wird zu streng –, aber beim Gemüsehändler gibt es inzwischen Zuchtlöwenzahn bis in den Sommer hinein.

Die Pflanze verträgt sich gut mit den anderen »jungen Wilden« des Frühlings, Sauerampfer und Sauerklee, passt wunderbar zu neuem Schnittlauch oder jungem Knoblauch, und Pfeffer und Zitrusfrüchte geben ihm den letzten Schliff. Geben Sie Löwenzahnblätter in grünen Blattsalat mit Specksauce oder in Kartoffelsalat, und probieren Sie die Blättchen in Kräutermayonnaise und Kräuterbutter zu Gegrilltem und Kurzgebratenem, in Risotto mit Schinken und Parmesan, in Käsefüllungen für Ravioli oder in Eierkuchen und im Belag für Quiche.

… und für die Gesundheit

Löwenzahn hat alle guten Eigenschaften der ersten wilden Frühlingskräuter, nämlich reichlich Vitamine und Mineralstoffe, die wir nach der kalten Jahreszeit dringend zum Auftanken neuer Energie brauchen. Die Bitterstoffe in den Blättern wecken den Appetit, beugen Gallenleiden vor, fördern die Verdauung und kurbeln den gesamten Stoffwechsel an, so dass wir in einer Schwächephase schnell wieder zu Kräften kommen.

Lorbeer (Laurus nobilis)

Ihn müssen Sie so sorgfältig nutzen wie kaum ein anderes Kraut, denn was der stachelbewehrte edle Busch mit seinen Blättern für Ihren Kopf tut, nimmt er Ihrer Weiblichkeit. Kräuterhexen verwenden Lorbeerbätter deshalb nur, wenn sie für Magie und Alltag geistige Energie brauchen. In der Liebe sind lorbeerwürzige Delikatessen und Duftwässerchen mit dem herben Aroma der Pflanze fehl am Platz. Der Lorbeerkranz erinnert zwar an Glanzleistungen, aber nur bei Sport und Kampf: Man hat die olympischen Sieger der Antike damit geehrt oder Kriegshelden damit bekränzt, die ihre Nächte im Bett der Geliebten gewiss zählen konnten. Schuld daran ist Apoll: Durch ihn, den griechischen Gott von Kunst und Wissenschaft, ist Lorbeer mit unseren geistigen Höhenflügen verbunden. Doch getragen hat er den spröden Kranz in traurigem Gedenken an einen erotischen Flop, denn die Nymphe Daphne hatte sich einst in einen Lorbeerbaum verwandeln lassen, um dem Liebeswerben des Gottes zu entgehen.

Die Kräuterhexe warnt

Aus den Beeren der Lorbeerpflanze wird ein Öl gewonnen, das man nur äußerlich anwenden darf und das bei Muskelschmerzen und Verstauchungen hilft. Manche Menschen entwickeln aber auch eine Allergie gegen die Blätter und Beeren des Lorbeers.

Frisch gepflückte Lorbeerblätter sollten Sie im Dunklen trocknen, damit sie ihr Aroma behalten. Getrocknet halten sich Lorbeerblätter in einem verschlossenen Gefäß etwa ein Jahr lang.

Majoran (Origanum maiorana)

Was die südliche Leichtigkeit von Oregano für wohlige Entspannung tut, das schenkt die geballte Ladung Power von Majoran unserer Gesundheit. Seine Gerb- und Bitterstoffe unterstützen die Verdauung und machen fettes Essen besser verträglich, das uns sonst schwer im Magen liegt. Die lebenslustigen Römer hatten das Kraut der Venus geweiht und würzten ihren Wein damit, denn das reichlich in Majoran enthaltene ätherische Öl regt die Durchblutung an und steigert den Liebesgenuss.

Majoran für die Gesundheit

Für einen Tee gegen Magen- und Darmbeschwerden nehmen Sie 1 bis 2 Teelöffel getrocknete Majoranblätter, die Sie mit 1/4 Liter kochendem Wasser übergießen. Den Tee 5 Minuten ziehen lassen, abseihen und schluckweise trinken.

Minze kann im Winter wieder blühen, wenn man sie in einer kühlen Dachkammer zum Trocknen aufhängt.

Minze (Mentha ssp.)

Schwelgen Sie in Minze, denn schließlich hat die Natur uns eine verschwenderische Fülle der Sorten geschenkt. Das Kraut des Sommers ist auch ein Kraut der Freundschaft und Liebe: Tee aus süßer, erfrischender grüner Minze (Mentha suaveolens) kredenzt man in Nordafrika seinen Gästen, in der Antike war die Duftpflanze der Liebesgöttin heilig, und in Vorbereitung auf die Freuden der Hochzeitsnacht trug der Bräutigam einen Minzekranz. Auch ihren Namen trägt die Pflanze nach einer Geschichte von Liebe und Eifersucht: Hades, Gott der Unterwelt, verliebte sich in die Nymphe Minthe. Das brachte seine Frau Persephone – einst ebenfalls von Hades geraubt – so in Wut, dass sie das arme Mädchen aus Eifersucht zerriss. Vielleicht lief das Drama aber auch moderater ab, und Persephone verwandelte die Nebenbuhlerin nur in ein duftendes Minzepflänzchen – wie es nach einer anderen Quelle heißt. Die Römer hielten die Minze jedenfalls in Ehren und verdammten das Ausreißen der Pflanze als Frevel. Wir Kräuterhexen können diese Ansicht nur bekräftigen, denn wir kennen die wundertätige Wirkung des duftenden Krauts: Nach altem Glauben zieht Minze Krankheiten auf sich und heilt damit den Patienten.

Minze für die Hexenküche

Bei Minze achten wir auf die Unterschiede: Apfel- und Ananasminze schmecken besonders mild, Limonenminze nach Zitrone, Edelminze leicht nach Parfüm. Türkische Minze oder Nanaminze mit stark gekrausten Blättern steuert einen Hauch Kümmel bei, und Arabische Minze gilt als hervorragende Teepflanze. Englische Minze ist sehr kräftig und eignet sich deshalb ebenfalls gut für Tee oder für die berühmte Mintsauce zu Lammbraten. Ganz ohne Menthol sind Ingwer- und Orangenminze. Verwenden Sie das Kraut also ganz nach Kochlust und -laune: in Fischsuppen, griechischer Hühnersuppe mit Fleischklößchen und Zitronensaft, in Sahnesaucen zu Eiern, mit gehackten Walnüssen oder Pistazien und saurer Sahne vermischt als Brotbelag, als Würze für thailändischen Glasnudelsalat mit Gemüse, für gedünstete Erbsen und Schmorgurken, für Kartoffelgemüse und als Würze für Cannelloni mit Hackfleisch. Und natürlich als Salatkraut für alles Gemischte, für Gurken, Rohkost, Vinaigrette und Sahnedips. Minze entfaltet ihr Aroma übrigens am besten mit Süßem. Deshalb tut der Minz-Vinaigrette eine Spur Zucker gut, deshalb passt das Kraut so wunderbar zu sommerlichen Desserts wie Obstsalat, Erdbeertörtchen mit Schlagsahne, Hohlhippen, Windbeuteln mit Schokoladensahne oder Quarkmousse auf Beerensauce. Aber verwenden Sie grundsätzlich nur die frischen Blätter, die entweder sehr jung geerntet oder ganz fein geschnitten werden sollten, denn nur dann können sich die wunderbaren Aromastoffe der Minze entfalten. Und die rauen Härchen, die verschiedene Sorten tragen, stören überhaupt nicht.

… und für die Gesundheit

Alle Minzesorten helfen durch das ätherische Öl bei Erkältung und Grippe; Zahnschmerzen sollen durch Kauen der Blätter gelindert werden. Außerdem unterstützen sie die Verdauung, weshalb eine Minzmarinade ideal für Schweinekoteletts vom Grill ist.

Berühmtes Rezept

Für Minzetee pro Portion 3 bis 4 frisch gepflückte Minzezweige – möglichst mit Blüten – waschen, trockenschütteln und mit 1/4 Liter siedendem Wasser übergießen. Den Tee 5 Minuten ziehen lassen und mit Honig oder Kandiszucker servieren.

Die Kräuterhexe warnt

- Grüne Minze ist anfällig für Minzrost, eine Pilzkrankheit, die Sie an verkrümmten Trieben mit orangefarbenen Flechten erkennen. Diese Minze sollten Sie nicht mehr verwenden.
- Menthol ist für Säuglinge und Kleinkinder schädlich; sie dürfen also weder Pfefferminztee trinken noch mit dem ätherischen Öl behandelt werden.

Oregano (Origanum vulgare)

Oregano bringt uns wieder »in die Reihe«, wenn das Chaos über uns zusammenschlagen will: Er kuriert uns von Stress, glättet das zerknitterte Nervenkostüm und beruhigt uns, wenn wir so kribbelig sind, dass wir am liebsten aus der Haut fahren würden. Die Griechen haben ihm einen besonders schönen Namen gegeben, denn Oregano bedeutet »Freude der Berge«. Seine leicht borstigen Blättchen zeigen Kieselsäure an, und deren sechskantigen Kristalle bedeuten Zielstrebigkeit und Festigkeit im Handeln – Eigenschaften, die jede ernsthafte Hexe besitzt.

Oregano für die Hexenküche

Oregano sollte immer längere Zeit mitgekocht werden, damit er sein volles Aroma entfalten kann.

Kräuterhexen nehmen ihn natürlich für die allseits bekannten Italiengerichte wie Pasta und Pizza – dafür eignet sich übrigens der leicht scharfe griechische Oregano (Origanum heracleoticum) am besten, weil er die Würze auch beim Backen behält. Aber sie legen viel Wert auf neue kulinarische Kräuterhexereien und machen sich die Aromen der verschiedenen Sorten zunutze: Zu Suppen mit den Sommergemüsen Tomaten, Kohlrabi, Schmorgurken, Zucchini und Erbsen geben sie eine gute Hand voll frische Blättchen des sanften »goldenen« Oreganos (Golden Splash), und mit dem »kleinblättrigen« Oregano würzen sie pochierte Eier, die in einer aromatischen Tomatensauce auf den Tisch kommen. Kirgisischen Oregano (Origanum thytantum) füllen Sie ins Gewürzsäckchen für deftige Wintersuppen, und mit dem kräftigen Kreta-Oregano (Origanum dictamnus) bereiten Sie einen aromatisch-herben Tee zu.

… und für die Gesundheit

Oregano regt die Verdauung an und ist deshalb das Kraut für die kräftige Küche aus den heißen südlichen Ländern, so wie Majoran zu Deftigem aus dem Norden gehört. Merkwürdig eigentlich, denn für Majoran sind unsere Sommer zu kurz zum Blühen und Aussamen, so dass er unsere Winter auf Dauer nicht übersteht. Oregano dagegen wächst im Garten zu einem stattlichen, winterharten Busch heran.

Petersilie

(Petroselinum crispum ssp.)

Unverwechselbar würzig und leicht scharf schmeckt Petersilie nur im Sommer, wenn sie genügend Sonne abbekommt.

Kräuterhexen wissen, dass diese Pflanze seit jeher für das Leben und die Liebe zuständig ist und einst erotische Bedeutung hatte, denn sie galt als empfängnisfördernd. Deshalb kümmerten sie sich auch nicht um den Aberglauben, der dem feinen Würzkraut anhaftet: Wenn sie besonders hoch wächst, stirbt jemand. Das stimmt natürlich nicht: Die beste Petersilie wächst richtig schön hoch, denn sie hat viel Sommersonne bekommen, wird vom ätherischen Öl durchströmt und ist so aromatisch, dass man sie als wunderbaren Salat mit Zitronensaft und »Liebesäpfeln« (Rezept Seite 102) zubereiten kann.

Petersilie für die Hexenküche

Glatte Petersilie würzt intensiver als die krause Sorte; am besten nehmen Sie die Blätter roh oder kurz erhitzt. Besonders viel Petersilie vertragen Semmelklöße, Marinaden für Grillfleisch oder Füllungen für Geflügel, und frittierte krause Blätter mit Knoblauchbrot passen zum Liebesmahl (Rezept Seite 97). Die fein gehackten Stängel geben ihre feinste Würze beim Garen: in Sahnesauce zu Pilzen oder Tomatensauce zu Pasta, in Frikadellen mit Fleisch, Fisch oder Getreide und in der Füllung für Strudel und Maultaschen.

… und für die Gesundheit

Petersilie gehört zu den Pflanzen mit viel Kalium, Kalzium, Magnesium, Eisen und Phosphor. Außerdem ist sie reich an Vitamin C. Die Wurzeln sind ein vitaminreiches Gemüse für Herbst und Winter.

Berühmtes Rezept

Für Salsa verde, die man in Italien zu Bollito misto, gekochtem Rind und Kalb, Kalbszunge, Geflügel und Gemüse serviert, 3 Bund glatte Petersilie, 4 eingelegte Sardellenfilets, 1 abgezogene Knoblauchzehe und 2 Esslöffel Kapern fein zerkleinern. 1/8 Liter natives Olivenöl extra langsam zugeben und alles zu einer dicken Sauce aufschlagen. Die Sauce mit 2 Esslöffeln Zitronensaft, 3 Esslöffeln Fleischbrühe, Salz und frisch gemahlenem Pfeffer abschmecken.

Die Kräuterhexe warnt

Petersilie birgt so viel Kraft in sich, dass weißmagische Hexen sehr vorsichtig damit umgehen: Frauen, die ein Baby erwarten, sollten das Kraut im Essen meiden. Trotz des hohen gesundheitlichen Wertes der Pflanze darf man keinen Absud aus den Blättern trinken, denn in größeren Mengen ist das ätherische Öl Apiol giftig.

Kümmel gegen böse Geister

Kümmel (Carum carvi) nehmen Kräuterhexen am liebsten zu allen Gerichten, die sie auch verschwenderisch mit Petersilie würzen – Möhren, Weißkohl, Sellerie und Pastinaken. Ihre magischen Kräfte zeigen die Körnchen bei der Abwehr negativer Energie: Zappeligen Kindern, die man früher von Dämonen besessen glaubte, stellte man ein Schälchen Kümmel unters Bett, weil die bösen Geister den Duft angeblich nicht mochten. Wenn Sie Kümmel selber anbauen, sollten Sie auch das Kraut verwenden, denn es schmeckt gut im Salat, im Kräuterquark zu neuen Kartoffeln und zu Sommergemüse wie Schmorgurken und Zucchini. Zur Ernte der Körner müssen Sie die Pflanzen so lange stehen lassen, bis die Samendolden braun werden, dann die Samen herausschütteln und trocknen lassen. Dabei reifen sie nach und entwickeln ihr volles Aroma.

Pimpinelle
(Sanguisorba minor)

Bevor Pimpinelle ausschließlich zu einem Bestandteil der Grünen Sauce wurde, gebrauchten weise Frauen sie zum Heilen – wegen ihrer blutroten Blütenknöpfchen galt sie als adstringierend (zusammenziehend), sollte Blutungen bei inneren und äußeren Verletzungen stillen und den lebensgefährlichen Wundbrand verhindern. Daran erinnert auch der botanische Name «sanguisorba«, was «Blut aufsaugend« bedeutet. Den Kleinen Wiesenknopf, Hosenknopf, Rotkopf, Pimpernell oder die falsche Bibernell verwenden Kräuterhexen im Frühjahr grundsätzlich noch vor der Blüte, frisch gepflückt und nur roh. Denn dann schmecken ihre rundlichen, fein gezackten Blättchen leicht herb und erfrischend gurkenähnlich, während sie beim Erhitzen und beim Trocknen ihr Aroma verlieren.

Berühmtes Rezept

Für eine köstliche Vinaigrette brauchen Sie je 6 Zweige frische Pimpinelle und Schnittlauchröhrchen, je 2 Blättchen Zitronenmelisse und Basilikum, je 2 Zweige Petersilie und Sommerportulak und je 1 Zweig Kümmelkraut und Koriandergrün. Alle Kräuter mit einem scharfen Messer sehr klein schneiden, aber nicht hacken. Eine Schüssel mit einer halbierten Knoblauchzehe ausreiben und darin 1 Teelöffel scharfen Senf mit 3 Esslöffeln Weißweinessig, 1/4 Teelöffel Zucker, Salz und frisch gemahlenem Pfeffer verrühren, bis sich der Zucker aufgelöst hat. 9 Esslöffel natives Olivenöl extra nach und nach mit dem Schneebesen unterschlagen und die Kräuter untermischen. Die Vinaigrette schmeckt als Salatdressing und Dip für Gegrilltes, zu Spargel und pochierten oder hart gekochten Eiern.

Portulak
(Portulaca oleracea)

Diese Pflanze kennen nur noch sehr erfahrene Kräuterhexen, die mit dem scharfen, säuerlichen Kraut kräftige Salatsaucen, Tsatsiki oder Kräuterbutter und Mayonnaise zu gegrilltem Gemüse, Fisch und Fleisch würzen. Der milde Winterportulak (Montia perfoliata), auch Postelein, Tellerkraut oder Kuba-Spinat genannt, stammt eigentlich aus Nordamerika und Mexiko, wird aber längst in England, Frankreich und Deutschland unter Glas angebaut und ist durch die neue vegetarische Ernährung zu einer beliebten Salatpflanze für die kalte Jahreszeit geworden: Man bekommt ihn von November bis April beim Gemüsehändler. Die jungen Blättchen sehen aus wie ovale Rhomben, größere wie Tellerchen mit kleinen grünen Blüten in der Mitte. Sie können ihn auf die gleiche Weise wie Feldsalat anrichten, er schmeckt aber auch im Dip zu gebackenen Kartoffeln, als Kräuterwürze zu Eiern im Glas oder in einer Pilzfüllung für Eierkuchen.
Portulak sollte man nicht mitkochen, und man kann ihn (leider) nicht konservieren. Beim Würzen von portulakhaltigen Speisen sollte man vorsichtig sein, denn das Kraut schmeckt recht salzig. Übrigens: Ganz junge Keimpflanzen kann man wie Kresse verwenden.

Portulak für die Gesundheit

Sommerportulak ist eine der Pflanzen, die reichlich Eisen enthalten – gut für alle, die vorwiegend vegetarisch essen. Winterportulak versorgt uns mit einer Menge Vitamin C, das mit 30 bis 60 Milligramm pro 100 Gramm in der Pflanze enthalten ist.

Kennen Sie das italienische Sprichwort: »Kein Salat schmeckt gut ohne ein schönes Ei und Pimpinelle«? Für Salate und Suppen verwendet man vorwiegend die jungen Spitzen und Blätter.

Rosmarin mit seinem durchdringenden und berauschenden Duft sollte in der Küche immer nur sparsam verwendet werden, weil er andere Zutaten leicht überdeckt.

Rauke (Eruca sativa)

Sie ist den meisten Menschen unter ihrem italienischen Namen Rucola bekannt und kommt seit einigen Jahren wieder in unsere Salatschüsseln. Traditionsbewusste Kräuterhexen haben sie immer verwendet, und heute bekommt man sie rund ums Jahr. Deshalb hat sie leider auch so viel von ihrem Charakter verloren – schließlich ist sie eine Sommerpflanze, die nur im Freiland ihr wunderbares Aroma entwickelt. Kräuterhexen setzen deshalb kräftige Pflanzen vom Gärtner ins Beet, in den Balkonkasten oder den Blumentopf, lassen sie im Freien an einem geschützten Platz überwintern und können sie ab Mai ganz nach Wunsch verwenden – junge, knapp daumengroße Blätter fein geschnitten auf dem Butterbrot, in Käse-, Quark- und Joghurtdips zu Pellkartoffeln und zu gebratenem Gemüse. Wenn sie etwa so groß wie Radieschenblätter sind, schmecken sie leicht scharf, ein wenig nach Nüssen und werden als Salatblätter mit grünem Salat, Tomaten oder Gurken gemischt. Die harten Stiele werfen Kräuterhexen nicht weg, sondern nehmen sie hauchfein geschnitten für sahnige Nudelsaucen oder mit anderen Kräutern in eine Vinaigrette.

Rosmarin
(Rosmarinus officinalis)

Der »Balsamstrauch« ist ganz und gar heidnisch, obwohl seine anderen volkstümlichen Namen ihn im Mittelalter auch als »Marienkraut« mit der Muttergottes verbanden, und jungfräuliche Bräute früher einen Kranz aus »Hochzeitsblümchen« trugen. Auch Elisabeth I., Englands »Virgin-Queen«, liebte Rosmarin, denn Rosmarinessenz hält die Haut zart und belebt den Teint. Die Wertschätzung des duftenden Busches mit den grünsilbrigen Zweigen und den blauvioletten Blüten begann bereits in der Antike: »Ros marinus«, Meertau, nannten ihn die Römer, und es hieß, dass die Schiffer das Land »riechen« konnten, noch ehe sie es sahen. Sein weihrauchähnlicher Duft machte ihn darüber hinaus zur heiligen Pflanze: Die Zweige verbrannte man bei Opferritualen, gab sie den Toten mit und pflanzte sie auf Gräber, denn Rosmarin schenkt guten, ruhigen Schlaf. Die Griechen hatten ihn Aphrodite geweiht, setzten ihn als Duftwasser dem Bad zu und tranken Rosmarinwein zur Stärkung der Liebeskraft. Später vergaß man über der wunderbaren Würze des Krauts seine magischen Kräfte, und doch verbirgt sich hinter der kulinarischen Bedeutung vielleicht noch das tiefe Wissen der alten Zeit: Schließlich gilt Rosmarin als typischer Begleiter zu Lamm, das in vielen Kulturen mit Tod und Wiedergeburt verbunden ist.

Aus alter Tradition
Mit Honig vergorene und anschließend destillierte Rosmarinblüten wurden schon vor Jahrhunderten zur Hautpflege, gegen Nervosität und Ohnmachtsanfälle oder bei Rheuma und Gicht eingesetzt.

Rosmarin für die Hexenküche
Mit frischen Zweigen würzt die Kräuterhexe eingelegten Käse, Marinaden für Geflügel, Lamm, Kaninchen und Wild, Würzessig und -öl, Sauerkirsch- und Aprikosenkonfitüre oder Himbeer- und Heidelbeergelee. Zerkleinerte frische Blätter verwenden wir in Sommergemüse, Fischsuppe, Tomatengerichten, geschmortem Fleisch, Grillfisch, im Teig für italienische Fladenbrote und in Pizzen.

Rosmarin für die Schönheit
Rosmarin kräftigt das Haar, gibt ihm mehr Volumen und verleiht ihm Glanz.

… und für die Gesundheit
Vor allem das frische Kraut regt die Durchblutung an, fördert die Verdauung und löst Krämpfe. Deshalb ist es genau das Richtige für fettes Fleisch und schwer Verdauliches wie Pilze und Hülsenfrüchte.

Safran (Crocus sativus)

Es war bestimmt keine Kräuterhexe, die ihm den volkstümlichen Namen »Suppengelb« gab, denn Safran ist in jeder Hinsicht außergewöhnlich: eine der ältesten Kulturpflanzen, Symbol des Lichts und der Hoheit, Attribut der griechischen Liebesgöttin Aphrodite und der »rosenfingrigen« Eos, Göttin der Morgenröte. Der Farbstoff aus seinen krokusähnlichen blauen Blüten verlieh kostbaren Stoffen das göttliche Gold, weshalb Götter und Halbgötter safrangelbe Gewänder trugen, und viele Kaiser machten es ihnen nach. Überliefert ist auch, dass der größenwahnsinnige Nero die Straßen Roms mit Safranblüten bestreuen ließ, als er sich an den lodernden Flammen ergötzte, die das antike Rom in Schutt und Asche legten. Und schon immer war Safran das teuerste Gewürz überhaupt, dazu das einzige, dessen Preis im Laufe der Zeit nahezu immer gleich geblieben und damit im Vergleich zu den anderen sogar um ein Vielfaches gestiegen ist: im Mittelalter kostete er etwa dreimal so viel wie Pfeffer, heute ist er etwa 100-mal so teuer. Die besten Safransorten kommen aus Spanien und aus dem Iran.

Das teuerste Gewürz der Welt

Safran ist eine Blume wie unser Krokus mit hellvioletten Blüten. In der Mitte jeder Blüte sitzt ein kurzer Griffel mit einer orangeroten, etwa 2 Zentimeter langen Narbe. Diese Narben werden während der Blütezeit im Herbst von Hand oder mit einer Pinzette gepflückt und anschließend getrocknet. Dabei verlieren sie etwa 80 Prozent ihres Gewichts. Das Gewirr dunkelroter Fäden – rund 150.000 Blüten ergeben 1 Kilogramm – wird in kleinsten Mengen (von 0,08 Gramm aufwärts) verpackt und verkauft.

Safran für die Hexenküche

Er ist typisches Gewürz für mediterrane, iranische und indische Gerichte. Drei wichtige Regeln gibt es: Safran immer nur in kleinen Mengen verwenden, die im Mörser zerriebenen Fäden oder das Pulver wie Salz auflösen und den aufgelösten Safran mitkochen oder -backen. Zum Auflösen wird das Gewürz zuerst in warmes Fett oder warme Flüssigkeit gerührt. Sobald das Ganze schön gelb-orange ist, mischt man es unter Fischgerichte oder Fischsuppen, gibt es zum Risotto milanese oder in die Paella. In Schweden verwendet man Safran auch zum Färben von Weihnachtsgebäck.

… und für die Gesundheit

Safran, der etwas ätherisches Öl enthält, gilt als Beruhigungsmittel und soll gegen Depressionen helfen. In der Heilkunde wird Safran auch als Zusatz in Augenbädern und als krampfstillendes Mittel verwendet.

Die Araber brachten Safran im 10. Jahrhundert mit nach Europa. Sie gaben ihm auch den Namen »za-fran«, was schlichtweg gelb heißt.

Salbei (Salvia officinalis)

Für die Heilkundigen des Mittelalters war er das Kraut der Lebenskraft: »Warum sollte ein Mensch leiden, in dessen Garten der Salbei wächst?«, fragten sie und gaben der wundertätigen Pflanze den Namen »salvia« vom lateinischen »salvare« (= heilen). Wegen seines unverwechselbaren Duftes nach Weihrauch gilt er auch als die Pflanze, die uns mit dem Jenseits kommunizieren lässt: Schamanen nehmen ihn ein, um die Grenzen des Normalen zu überschreiten. Wir Frauen wussten immer, dass Salbei uns die Ruhe schenkt, die dem lebenserhaltenden Element in uns dient – er regt die weiblichen Hormone an und erleichtert Empfängnis und Geburt. Kräuterhexen empfehlen Salbei, wenn wir uns elend fühlen an Seele, Geist und Körper: Im Duftsäckchen zum Schnuppern, im Dampfbad zum Reinigen, im Tee zum Regenerieren, in der Gesichtsmaske zum Pflegen und im Essen zum Genießen.

Köstlichkeit zum Aperitif: Salbeiblätter durch einen Bierteig ziehen und frittieren. Kurz auf Küchenpapier abtropfen lassen, salzen und servieren. Die Blättchen werden wegen ihrer hübschen Form auch »Salbeimäuschen« genannt.

Salbei für die Hexenküche

Als richtiges Sommerkraut entwickelt er frisch sein volles Aroma am besten. Deshalb schmecken die Blättchen an kalten Gerichten auch besser, wenn man sie zuerst in etwas Öl leicht anbrät. Salbei passt zu Kartoffelsalat mit Apfel und Gurke, italienischem Brotsalat und Bohnensalat mit Zwiebeln, Tomaten und Kapern. Er würzt Tomaten- und Knoblauchsuppe, Sommergemüse, Risotti, Pastagerichte und Fleisch- oder Käsefüllungen für Ravioli, Cannelloni und Lasagne. Besonders gerne mögen ihn Kräuterhexen solo: ausgebacken in Bier- oder Weinteig mit Zucker und Zimt, als würziges Sorbet mit Obstwein und als Tee mit Kandiszucker.

Salbei für die Schönheit

Ein Dampfbad reinigt die Haut und macht sie wunderbar zart. Auf Seite 86 erkläre ich Ihnen ganz genau, wie das geht und was Sie dafür brauchen.

... und für die Gesundheit

Das Kraut wirkt gegen Entzündungen, löst den Husten und hält die Schleimhäute feucht. Zum Inhalieren verdünnt man ein paar Tropfen Salbeiöl aus der Apotheke mit heißem Wasser und atmet den Dampf ein. Beim Essen fördern die Bitterstoffe den Gallenfluss, so dass man Fettes besser verträgt. Doch wie alle Gewürzpflanzen mit reichlich ätherischem Öl ist Salbei in größeren Mengen schädlich: Es kann zu Schweißausbrüchen und Übelkeit kommen.

Berühmtes Rezept

Für provenzalischen Essig je 1 großen Zweig blühenden echten Salbei, Orangenthymian, Lavendel und Rosmarin waschen und trockenschütteln. Die Kräuter in eine saubere Flasche geben, mit 1 Liter Rotweinessig übergießen und gut verschlossen an einem hellen Platz etwa 1 Woche stehen lassen. Den Essig durch ein Mulltuch gießen und wieder in die gut gespülte Flasche füllen.

Gut zu wissen

Die einzelnen Salbeiarten unterscheiden sich in Geruch und Geschmack stärker voneinander als andere mediterrane Kräuter, was von der Menge und der Zusammensetzung des ätherischen Öls in den Blättern abhängt. Echter Salbei (Salvia pratensis) schmeckt herb-würzig und nur leicht bitter, dalmatinischer Salbei (Salvia officinalis) mit großen, eher runden Blättern gilt wegen seines milden, frischen Aromas als der beste. Muskatellersalbei (Salvia sclarea) geht ein wenig in Richtung Lavendel, und griechischer Salbei (Salvia triloba) hat mit seinem Weihrauchduft eine eher strenge Komponente. Diese beiden Sorten eignen sich gut für Dampfbäder und Lotionen.

Sauerampfer (Rumex acetosa)

Er ist eine Venuspflanze, wirkt kühl und dennoch potenzfördernd, wenn auch nicht gerade positiv im Hinblick auf die Liebesfähigkeit: Der Frauenheld König Heinrich VIII. von England soll ihn angeblich aber sehr geschätzt haben. Kräuterhexen verwenden das saure Frühlingskraut allerdings nur in Maßen, denn Sauerampfer enthält je nach Sorte viel Oxalsäure und ist ein Kalziumräuber. Das aber schadet uns Frauen, denn für gesunde Knochen bis ins hohe Alter brauchen wir diesen Mineralstoff dringend – und zwar jeden Tag. Essen Sie ihn also möglichst sparsam – würzen Sie lieber damit, und kochen Sie nur ausnahmsweise Sauerampfer-Borschtsch aus Russland.

Sauerampfer für die Hexenküche

Sie können ihn zwar roh essen, aber das beste Aroma entwickelt sich, wenn Sie die fein gehackten Blätter kurz in Öl oder Butter schmoren. Die Säure – allerdings auch der hohe Vitamin-C-Gehalt – verschwindet jedoch mit zunehmender Garzeit. Sahne, Crème fraîche oder Milch lassen jeden Ampfer milder schmecken und gleichen den Kalziumverlust durch Oxalsäure teilweise wieder aus. Die zarten Blätter des römischen Ampfers (Rumex scutatus) schmecken fein säuerlich, aber nicht beißend, und enthalten außerdem weniger Oxalsäure als Gartensauerampfer. Besonders fein mit Sauerampfer sind Frühlingsgerichte wie Frankfurter Grüne Sauce zu Eiern und Pellkartoffeln, Bechamelkartoffeln mit Erbsen und/oder Spargel oder Frischkäse und Quark mit Kräutern. Als typisches Kraut gehört er auch zu russischer Sauerampfer-Borschtsch, ostpreußischer Sauerampfersuppe oder Muscheln mit Kräutern aus der Normandie.

… und für die Gesundheit

Sauerampfer gehört zu den Frühlingskräutern, die uns nach der langen Winterzeit mit reichlich Vitamin C versorgen, er reinigt das Blut und regt den Appetit an. Verwenden Sie möglichst die zarten jungen Blätter von Gartensauerampfer oder römischem Ampfer – sie schmecken mild und nur leicht säuerlich.

Die Kräuterhexe warnt

Lassen Sie Wiesensauerampfer (Rumex acetosa) stehen, oder nehmen Sie ihn nur für den Frühlingsstrauß, aber nicht fürs Hexenkräutersüppchen; der »Wilde« von der Wiese enthält sehr viel Oxalsäure – besonders im späten Frühjahr und Sommer. Nieren-, Herz- und Rheumakranke sollten ihn deshalb meiden.

Was für Sauerampfer gilt, sollten Sie auch beim Sauerklee (Oxalis acetosella) beachten: nur in Maßen genießen. Denn der schöne, zarte Klee aus dem Wald enthält ebenfalls reichlich Oxalsäure.

Gut zu wissen

Je größer die Blätter, desto stärker die Säure. Sauerampferpflänzchen gibt es in Gartencentern, die Krautbündel beim Gemüsehändler und auf dem Wochenmarkt. Die bekanntesten Sorten sind der winterfeste, angenehm säuerliche »großblättrige« Sauerampfer, der milde und breitblättrige »Belleville« und der »Goldgelbe von Lyon« mit seinen breiten, hellgrünen Blättern. Achten Sie auf feste, leuchtend grüne Blätter.

Leider ist Sauerampfer nicht ganz ohne Nebenwirkungen, deshalb sollten Sie ihn nur in Maßen genießen.

Schnittlauch

(Allium schoenoprasum)

Zum Zerkleinern von Schnittlauch brauchen Sie unbedingt ein scharfes Messer: Je feiner die Halme von Zwiebelgewächsen geschnitten werden, desto mehr Aroma setzen sie frei.

Einst konnte man ihn auf Bergwiesen ernten, dann hat man ihn gezähmt, und heute liegt er neben Dill und Petersilie als drittes der laschen »Rund-ums-Jahr«-Kräuter im Supermarkt. Das lassen wir Kräuterhexen nicht zu und pflanzen ihn selbst (siehe Seite 62). Als Begleiter setzen wir noch Schnittknoblauch (Allium tuberosum) und ein paar Steckzwiebelchen dazu, deren frisches Grün wir genau wie Schnittlauch fein zerkleinert im Quark oder in Remoulade, in Salatsaucen und Grüner Sauce zu Spargel, Pellkartoffeln oder wachsweichen Eiern essen.

Schnittknoblauch war als Wildpflanze in China, der Mongolei, Indien, Ostasien und den pazifischen Inseln verbreitet; kultiviert wird er schon lange in Indien, China, Südostasien und Kalifornien. Inzwischen können Sie die Pflänzchen auch bei uns kaufen – beim Gärtner oder über den Versand. Es gibt verschiedene Sorten, die alle an Schnittlauch erinnern: Manche haben platt gedrückte Röhren, andere sehr dünne, dunkelgrüne Halme. Sie knofeln weniger als Knoblauch und steuern die milde Schärfe der Schalotte bei.

Steckzwiebelchen pflanzen wir im Winter wie Blumenzwiebeln in Töpfe. In der warmen Küche treiben sie dann bald die grünen Röhrchen, die Sie wie frischen Schnittlauch oder Lauchzwiebelgrün verwenden können. Sobald nach einigen Wochen das Wachstum nachlässt, stecken Sie neue Zwiebelchen.

Schnittlauch für die Gesundheit

Frischer, kräftiger Schnittlauch aus dem Freiland tut uns ebenso gut wie seine Verwandten Knoblauch, Schalotten und Zwiebeln, enthält die positiven Wirkstoffe allerdings in etwas geringeren Mengen. Als grünes Kraut versorgt er uns mit viel Magnesium, außerdem liefert Schnittlauch Eisen und Kalium sowie die Vitamine C, Beta-Karotin und E, die als Schutz vor Kanzerogenen gelten.

Berühmtes Rezept

Für die österreichische Schnittlauchsauce zum Tafelspitz entrinden Sie 4 Scheiben Toastbrot und weichen das Brot in 1/8 Liter Milch ein. Dann geben Sie 2 hart gekochte Eigelbe dazu und zerdrücken alles mit der Gabel. Nun fügen Sie 2 frische rohe Eigelbe hinzu, mischen alles und geben dann unter ständigem Rühren 1/8 Liter geschmacksneutrales Öl dazu, bis die Sauce dick ist. Dann würzen Sie mit je 2 Esslöffeln Zitronensaft und Tafelspitzbrühe, Salz und weißem, frisch gemahlenem Pfeffer. Zum Schluss waschen und trocknen Sie 2 Bund Schnittlauch, schneiden sie in sehr feine Röllchen und mischen sie unter.

Gut zu wissen

Kräuterhexen brauchen oft Schnittlauchblüten als Dekoration und lassen deshalb eine Pflanze blühen. Von allen anderen schneiden wir die Knospen ab, damit die Röhrchen ihren vollen Geschmack behalten.

Schwarzkümmel
(Nigella sativa)

Er war den Vorfahrinnen der Kräuterhexen bestens vertraut: In seiner Heimat Südosteuropa, in Kleinasien und im Heiligen Land hat man die Samen schon lange vor Christi Geburt zum Würzen von Brot und fettem Fleisch verwendet. Das Kraut aber spielte nie eine Rolle in Heilkunst und Küche, obwohl es durch seinen sanften Geschmack kulinarisch durchaus interessant ist. Übrigens hat Schwarzkümmel eine berühmte Verwandte: »Jungfer im Grünen« oder »Gretel in der Heck« heißt sie. Der niedliche Name täuscht allerdings darüber hinweg, dass die Jungfer gefährlich werden kann: Die Samen wirken leicht narkotisierend und sollten nicht wie Schwarzkümmel als Brotgewürz verwendet werden.

Senf (Brassica juncea), Schwarzer Senf (Brassica nigra), Weißer Senf (Sinapis alba)

Alle drei Arten des scharfen Krauts kommen ursprünglich aus Vorderasien, und dort hat man ihren tiefen Symbolgehalt auch zuerst erkannt: Die winzigen Samen des Schwarzen Senfs bringen mehr als 1 Meter hohe Pflanzen hervor, und so vergleicht Jesus die Senfsamen auch mit dem Reich Gottes: zuerst kaum sichtbar, aber imposant am Ende der Zeiten. Im alten Indien verwendete man Senfkörner zum Schutz vor bösen Geistern: Neugeborene Kinder wurden damit beräuchert, und die weißmagische Hexe warf die Körner schließlich mit einem Segensspruch ins Feuer, um die Dämonen zu bannen. Senfsamen trugen auch die Bräute, um das Regiment im Haus zu erlangen – Hinweis auf den Liebeszauber, der mit Senf verbunden ist.

Senf für die Hexenküche

Senfsprossen und -blättchen schmecken nicht nur aromatisch und scharf wie der Senf, sondern geben den Speisen dazu noch die erfrischende Würze grüner Kräuter. Kräuterhexen würzen damit grüne Salate, Rohkost, Kartoffel- und Eiersalat, Quark und Remoulade, Rühreier, Gemüsesuppe und Sahnesaucen. Die Senfblättchen passen auch zu allen Gerichten, die Sie mit Senf und/oder Kapern zubereiten.

Gut zu wissen

Die Sprossen zeigen sich nach drei bis fünf Tagen, dann erscheinen die grünen Keimblättchen, die wie kleine Schokoladen-Katzenzungen geformt sind. Je größer die Senfpflänzchen werden, desto schärfer werden sie.

... und für die Gesundheit

Senfsprossen und -blätter sind dann besonders wertvoll, wenn es während der kalten Jahreszeit nur wenig Salat gibt und das Gemüseangebot geringer ist. Die Sprossen enthalten reichlich Mineralstoffe, die grünen Keimblättchen liefern darüber hinaus viele Vitamine. Am besten lassen Sie die Pflänzchen am hellen Fenster wachsen, denn (Sonnen-)Licht mindert den Nitratgehalt. Und essen Sie die Sprossen und Blättchen roh oder nur kurz erhitzt, denn sonst verlieren sie nicht nur ihre Schärfe, sondern auch ihr attraktives Grün und viele Vitamine.

Das Besondere am Senf ist seine Würzkraft, die sich in den Körnern erst richtig entfaltet, wenn sie zermahlen und mit Wasser in Berührung gekommen sind. Die Blätter müssen das erste Keimstadium hinter sich haben.

Thymian ist eine der ältesten und sehr geschätzten Würz- und Heilpflanzen. Er stärkt und belebt den Organismus.

Thymian (Thymus)

Den Göttern opfern – das steckt im Namen des würzigen Krauts, denn thymiama nannten die alten Griechen das Räucherwerk, das sie zu Ehren der Himmlischen verbrannten. Atem und Seele des Opfers entsprach dem duftenden Rauch, der nach oben stieg, und aus dieser Vorstellung heraus verband man Thymian mit der menschlichen Psyche, die sich den Göttern zuwendet – in Anbetung und Meditation, Dichtkunst, Musik und Tanz. Diese Künste waren die Domäne der Schönsten im Olymp: der Liebesgöttin Aphrodite und des strahlenden Apollon, Gott der Harmonie und Ordnung, der von den neun Musen begleitet wird.

Räuchern bedeutet aber auch Reinigung, und die ägyptischen Priester verwendeten Thymian deshalb zur Einbalsamierung der Pharaonen. Dieses uralte Wissen machten sich auch die weisen Frauen und Naturheilkundige zunutze: Mit einem Thymianabsud und heilkräftigem Öl desinfizierten sie Wunden und linderten Schmerzen in den Gelenken. Kräuterhexen bringen mit einem Thymianbad die Monatsblutung in Gang oder stärken mit Thymiantee ein schwaches Nervenkostüm nach Stresstagen.

Thymian für die Hexenküche

Junge Triebe können Sie im Ganzen fein zerkleinern, von älteren harten Stielen streifen Sie die Blättchen ab, und auch die Blüten lassen sich als hübsche Dekoration verwenden. Thymian passt zu anderen aromatischen Sommerkräutern wie Basilikum, Oregano, Rosmarin und Salbei, Kräuterhexen wählen die verschiedenen Arten jedoch gezielt für bestimmte Gerichte aus: Zitronenthymian (Thymus citriodorus) schmeckt zu gegrilltem Fisch und Meeresfrüchten, Orangenthymian (Thymus fragantissimus) würzt Geflügelfüllungen oder Fleisch- und Fischterrinen. Französischen Thymian mit sanftem Parfümaroma (Thymus vulgaris »France«) nehmen Sie für Coq au vin oder Rinderschmorbraten in Rotwein und Lavendelthymian (Thymus thracicus) für Konfitüren mit Kirschen und Beeren, Apfel- und Quittengelee. Kümmelthymian (Thymus herba-barona) eignet sich für Gemüsesuppen, Bratkartoffel und herzhafte Quiches.

Thymian für die Schönheit

Ein Thymianbad pflegt Haut und Nerven.

... und für die Gesundheit

Thymian, der antibakteriell, krampf- und schleimlösend wirkt, ist Bestandteil vieler Hustensäfte und Halsbonbons. Sein ätherisches Öl wie auch die Bitter- und Gerbstoffe unterstützen außerdem die Verdauung. Darüber hinaus wirkt Thymian aphrodisierend.

Gut zu wissen

Die vielen Thymianvarietäten bekommen Sie in Kräutergärtnereien oder über den Versandhandel. Für das Gartenbeet eignen sich die würzigsten Sorten wie Zitronenthymian am besten, denn Schnecken mögen sie (noch) nicht.

Berühmtes Rezept

Für ein erfrischendes Thymianöl geben Sie 10 Milliliter Mandelöl (aus der Apotheke) in ein verschließbares, sauber gespültes Glas. Dann fügen Sie 8 bis 10 blühende Zweige Zitronenthymian hinzu und stellen die Mischung gut verschlossen etwa 2 Tage an einen warmen, sonnigen Platz. Danach sollten Sie das Öl kühl und dunkel aufbewahren; am besten stellen Sie es in den Kühlschrank.

Vogelmiere (Stellaria media)

Wir Kräuterhexen verehren sie als richtige Frauenpflanze, die man so leicht nicht unterkriegt, was nicht nur an ihrer Heilwirkung liegt – Pfarrer Kneipp, der die Pflanze »Hühnerdarm« nannte, nutzte sie für Augenspülungen, als Lungenmedizin und als Heilmittel für die Haut. Nein: Wir lieben »Stellaria«, das »Sternchen«, zunächst einfach deshalb, weil es so schön ist: Seine winzigen Blüten sehen aus wie Sterne – mit fünf schneeweißen Blütenblättern und rot-violetten oder purpurfarbenen Staubgefäßen. Und wir schätzen seine Symbolkraft: Vogelmiere ist mit den Nelken verwandt – den Blumen der Liebe wie auch des Kampfes um die Selbstbehauptung.

Vogelmiere für die Hexenküche

Die frisch gepflückten Stängelchen gehören zu den zartesten und feinsten aller Wildkräuter. Wegen ihres milden Geschmacks kann man sie mit Löwenzahn, Ysop und anderen kräftigen Kräutern kombinieren. Am besten verwenden Sie Vogelmiere mit den Blüten, entweder roh oder nur kurz erhitzt. Sie schmeckt als Salat mit Schnittlauch, etwas Knoblauch, mildem Essig und Kernöl, in der Remoulade zu Roastbeef und auf Eierbrötchen oder Sandwiches anstelle von Kresse. Sie können frische Vogelmiere aber auch als Cremesuppe oder mit in Butter gedünstetem Gemüse zubereiten oder sie in den Teig von grünen Nudeln und Gnocchi und in die Füllung von Ravioli und Maultaschen geben.

… und für die Gesundheit

Frisch gepresster Saft aus Vogelmiere lindert viele Hautleiden, zerstampft kühlt das Kraut Quetschungen und Ausschläge, ein Tee wirkt schleimlösend.

Wacholder

(Juniperus communis)

Weißmagische Hexen freuen sich über Wacholderzweige als Geschenk, denn sie sind die besten Zauberstäbe, die jedes Übel abwehren, mit den bösen Geistern auch böse Gedanken vertreiben und einen Schutzschild über Seele, Geist und Körper breiten. Das Holz des Wacholders nehmen weise Frauen und Heilkundige seit Jahrhunderten zum Räuchern – sogar in den schlimmen Zeiten der Pestepidemien hat man die Häuser damit ausgeräuchert. Eingeweihte legen ein Stück Wacholderholz beim Hausbau unter den Grundstein, um das Heim für alle Zeiten vor Unheil zu bewahren. Um den wunderbaren Busch rankt sich eine Menge Aberglauben, denn er soll Diebe entlarven, Schlangen vertreiben und Hühneraugen verschwinden lassen. Kräuterhexen halten sich da lieber ans Verbürgte: Sie verwenden Wacholderbeeren vor allem in der Küche, denn bei den Heilwirkungen einer so mächtigen Pflanze ist Vorsicht geboten.

Wacholder für die Hexenküche

Kräuterhexen nehmen Wacholder gut dosiert entweder roh oder zum Kochen, Schmoren und Backen. Frische, zerdrückte Beeren schmecken besonders intensiv, ganze getrocknete Beeren würzen milder. Sie passen zu jedem Wintergemüse oder kräftigem Braten und Marinaden. Zerdrückte Beeren würzen Frikadellen aus Rind, Schwein und Lamm und Füllungen mit Äpfeln, Backpflaumen oder Hackfleisch für Gans und Schweinerollbraten. Außerdem geben sie Zwetschenkonfitüre oder Quitten- und Apfelgelee ein köstliches Aroma.

… und für die Gesundheit

Alle Teile der Pflanze haben eine Heilwirkung. Wacholderbeeren regen den Appetit an und machen Fettes leichter verdaulich.

Die Kräuterhexe warnt

Während der Schwangerschaft und bei Nierenleiden darf man keinen Wacholder verwenden.

Blätter wie Herzen, Blüten wie Sternchen – kein Wunder, dass kräuterkundige Frauen die Vogelmiere als Liebespflanze schätzen. Mit Erdbeerblättern, Gänseblümchen und den jungen Triebe der schwarzen Johannisbeere in einem schönen Glas vereint und mit kühl prickelndem Sekt übergossen, ist zarte Vogelmiere der richtige Willkommensdrink für Ihren Liebsten oder den Mann, der es werden soll.

Waldmeister
(Galium odoratum)

Wir Kräuterhexen verwenden zwar keine Giftkräuter, aber beim Waldmeister machen wir eine Ausnahme. Schließlich ist die Maibowle nun schon über 1.000 Jahre alt und hat bisher niemandem geschadet. Damals hatte ein Benediktinermönch seinen Wein mit Waldmeister gewürzt und dabei den köstlichen Geschmack zum kulinarischen Frühlingserwachen entdeckt. Seitdem freuen sich Hexen aufs Zauberkraut, fröhliche Menschen auf die Bowle und Kinder auf den grünen Wackelpudding, den es selbstverständlich auch mit »zahmem« künstlichem Waldmeisteraroma gibt.

Die Kräuterhexe warnt

Zum Essen und Trinken darf man Waldmeister nur vor der Blüte Ende Mai bis Anfang Juni verwenden. Wiegen Sie ihn mit einer Diät- oder Briefwaage ab: Pro Liter Flüssigkeit darf man maximal 3 Gramm Waldmeisterkraut ohne Blüten nehmen, denn in größeren Mengen wirkt der Inhaltsstoff Cumarin giftig.

Berühmtes Rezept

Für die Maibowle das Sträußchen kurz unter kaltem Wasser abspülen, ins Bowlengefäß legen, mit Wein übergießen und 20 Minuten zugedeckt ziehen lassen. Den Waldmeister herausnehmen und die Bowle fertig zubereiten. Für Süßspeisen 1 Gramm Waldmeisterblätter mit 350 Milliliter kochender Flüssigkeit – Wasser, Wein, Fruchtsaft oder Milch – übergießen und zugedeckt ziehen lassen. Durch ein Teesieb gießen und je nach Zubereitung heiß oder abkühlt verwenden: Zabaione mit heißem Sud aufschlagen, Waldmeisterparfait mit kaltem Sud zubereiten.

Gut zu wissen

Waldmeisterpflänzchen bekommen Sie in Gartencentern, die Sträußchen für die Maibowle auf dem Wochenmarkt und beim gut sortierten Gemüsehändler.

Die Heilkunde empfiehlt Tee aus getrockneten Waldmeisterblättern bei Unruhezuständen und Schlaflosigkeit.

Wermut (Artemisia absinthium)

Er hat sein Geheimnis nie gelüftet: Weder weiß man, woher sein Name kommt, noch kennt man seine genaue Herkunft. Sein bitterer Geschmack machte das Kraut zum Symbol des Schmerzes und des Verzichts, weshalb es Bestandteil des Kräutersträußes zum Großen Frauentag ist (siehe Seite 79) und man die Totenbahren früher mit Wermutzweigen schmückte. Auch die Süße von Honig nimmt dem berüchtigten Wermuttropfen seine Bitternis nicht, sondern stört im Gegenteil die Harmonie des Geschmacks und die Heilwirkung des Krauts.

Als Arzneipflanze wurde Wermut schon von den Griechen der Antike genutzt – als Tee und Absud bei Magen- und Gallenleiden, bei Appetitlosigkeit und Kopfschmerzen. Eine Kräutermütze mit Wermutblättern als Mittel gegen Schlaflosigkeit empfahlen die weisen Frauen des Mittelalters.

Kräuterhexen gehen allerdings sehr vorsichtig mit dieser Pflanze um: Als typisches Frauenkraut fördert es die Menstruation, man hat es aber auch verwendet, um unerwünschte Schwangerschaften zu beenden. Deshalb nehmen wir zum Würzen von fettem Fleisch auch lieber den verwandten Beifuß (siehe Seite 17) und lassen die Finger von Tee, Tinktur, Absud und dem berühmten Absinth als Digestif, zumal Wermut in größeren Mengen giftig ist.

Ysop (Hyssopus officinalis)

Kräuterhexen halten das Sommerkraut mit den blauvioletten, manchmal auch rosaroten oder weißen Blüten in Ehren. Einmal wegen seiner religiösen Bedeutung: Ein Zweig der Pflanze diente Juden und Christen als Wedel für geweihtes Wasser. Zweitens wegen der Art ihres Wuchses, denn Ysop wächst einsam auf steinigen Böden. Er gilt deshalb als Zeichen der Reinigung und der Läuterung, die wir mit vielen unserer Rituale anstreben. Sein Name sagt all das aus: Vom alten hebräischen Wort »ezob« abgeleitet, bedeutet es das heilige Kraut, das Sühne ermöglicht.

Ysop für die Hexenküche

Er schmeckt erfrischend, etwas bitter und leicht nach Minze. Kräuterhexen dosieren sparsam und kombinieren ihn mit Süßem: mit Balsamessig im Salat, getrockneten Aprikosen im orientalischen Hähnchentopf, frischen Quitten im Lammragout oder mit einem Löffelchen Honig im Tee. Ysop würzt Apfelgelee, herbsüße Stachelbeerkonfitüre und fruchtige Chutneys.

… und für die Gesundheit

Er regt den Appetit an und lindert Magen- und Darmbeschwerden. Ysop ist auch Bestandteil vieler Blasen- und Hustentees.

Gut zu wissen

Nehmen Sie nur Blätter oder Blüten, denn die Blätter schmecken so intensiv, dass die Blüten dann nicht zur Geltung kommen.

Zitronenmelisse (Melissa officinalis)

Das Zaubermittel gegen böse Geister mögen Kräuterhexen besonders gern, denn mit seinem würzigen Aroma, dem frischen Grün und den gezahnten Blättern vereinigt die Zitronenmelisse höchst wirksame Kräfte: Die ätherischen Würzöle schützen die Lebensenergie, Grün steht für die alljährliche Erneuerung der Natur und damit für die Power des Weiblichen, und die scharfen Zähnchen zeigen, dass wir uns durch alle Widrigkeiten beißen und gestärkt daraus hervorgehen können.

Zitronenmelisse für die Hexenküche

Kräuterhexen verwenden sie roh und gegart zu Kräuterremoulade oder zu Gurken-, Kartoffel- und Eiersalat mit Gemüse. Sie würzen Marinaden für Grillfleisch und Fisch damit und nehmen sie für Süßes wie Zitronencreme, Obstsalat oder marinierte Erdbeeren, Sommerdrinks mit Joghurt, Erdbeer- und Melonenbowle.

Zitronenmelisse für die Schönheit

Für ein beruhigendes Gesichtswasser je 1 Teelöffel Zitronenmelisse- und Rosenblätter in eine Glaskanne geben, mit 100 Milliliter siedendem Wasser übergießen und zugedeckt etwa 8 Minuten ziehen lassen. Den Auszug durch einen Kaffeefilter gießen und abkühlen lassen. 20 Milliliter 90%igen Weingeist (aus der Apotheke) in eine Schüssel geben und 1 Tropfen Bergamotteöl einrühren. Den Auszug langsam zugießen und etwa 2 Minuten mit den Quirlen des Handrührers oder dem Schneebesen verrühren. In eine sauber gespülte Flasche füllen und im Kühlschrank aufbewahren.

… und für die Gesundheit

Zitronenmelisse wirkt entspannend bei Nervosität, beruhigt den nervösen Magen, regt den Appetit an und hilft beim Einschlafen.

Anfang des 17. Jahrhunderts erfanden Karmeliterinnen den hochprozentigen Melissengeist, mit dem seither Zipperlein und Übelkeit, depressive Verstimmung und Ohnmacht bekämpft werden.

Hexenkräuter aus eigenem Anbau

Wer ihn hat, ist wahrlich gesegnet: Der »grüne Daumen« ist im Hexengarten zwar nicht zwingend erforderlich, doch sehr hilfreich. Jede von uns kann die großen Hexenkräuter selbst ziehen. Und Platz dafür ist – zur Not – auch auf der schmalsten Fensterbank. Die weißmagische Hexe sät, pflanzt, hegt und pflegt und erntet wohlweislich in Eigenregie. Dabei beachtet sie immer den Mond, der uns und die Pflanzen ganz unbestreitbar beeinflusst.

Der Hexengarten

Das oberste Prinzip jeder Kräuterhexe beim Säen, Pflanzen und Pflegen lautet: mit dem Mond arbeiten, niemals dagegen. Die Mondin müsste es eigentlich heißen, denn in nahezu jeder Sprache ist der Mond weiblich. Das Gestirn der Nacht ist Herrscherin über die Gezeiten, Schützerin der Familie, Helferin bei der Geburt und bei der Gartenarbeit. Das Element des Mondes ist das Feuchte, er symbolisiert Schönheit und Heilung, Frieden und Schlaf. In den alten Religionen war er mit einer Göttin verbunden und stand für Fruchtbarkeit und das nährende Prinzip.

Kräuterhexen achten bei der Aussaat darauf, in welchem Tierkreiszeichen sich der Mond befindet.

Zunehmender Mond bewirkt Positives: Die Saat geht besser auf, die Pflanzen sprießen, die Pilze wachsen. Abnehmender Mond vernichtet negative Energien, doch »junge« Hexen lassen in dieser Phase lieber die Finger vom Zauberstab – zu stark ist das Risiko, dass sich eine eigentlich gute Absicht ins Gegenteil verkehrt. Im Garten heißt es, die Ruhephase einzuhalten und die Natur sich selbst zu überlassen.

Kräuterhexerei ist im besten Sinne des Wortes einfach: Samen und Pflänzchen bekommen Sie in großen Gartencentern – auch verschiedene Sorten desselben Krauts wie bei Minze oder Basilikum. Die Frage von Wachsen und Gedeihen hängt allerdings mit der Qualität der Samen zusammen. Kaufen Sie also so oft wie möglich beim Gärtner, erfahrungsgemäß sind die jungen Pflanzen dort widerstandsfähiger und ertragreicher. Wenn der Gärnter ökologisch wirtschaftet, umso besser. Dann haben Sie die Gewähr, dass die Pflanzen die ganze Kraft der Natur in sich aufgenommen haben und unbelastet von Kunstdünger und Schadstoffen sind, die sie angeblich »schützen«, tatsächlich aber außer Schädlingen, denen wir leider zu Leibe rücken müssen, auch nützliche Lebewesen gefährden.

Besorgen Sie die Kräuter im Frühling oder Herbst, denn im Sommer ist das Angebot gering. Ob ein Kraut in Töpfen und Blumenkästen oder im Gartenbeet wächst, ob man die Samen einfach in die Erde steckt oder ob man sie vorab besser im Anzuchtbehälter sät, finden Sie im Folgendem bei jedem einzelnen Kraut vermerkt. Auch eignet sich nicht jedes Kraut zum Selberziehen. Was Sie besser kaufen, finden Sie in den Pflanzenporträts (ab Seite 54).

Es gibt kaum etwas Schöneres für eine Kräuterhexe, als Kräuter selbst auszusäen und im Frühjahr die Saat mit ihrem zarten Grün sprießen zu sehen.

Die Anlage des Gartens

Bei ausreichend Platz können sich glückliche Hexen so richtig austoben, denn dann lässt sich ein klassischer Kräutergarten anlegen: Ein Areal ist für die Küche reserviert, z. B. mit Petersilie, Schnittlauch und Majoran, im nächsten stehen die Heilkräuter, etwa Kümmel für eine gute Verdauung, Knoblauch für ein intaktes Immunsystem und Fenchel gegen Husten, und im dritten Abschnitt wachsen die Schönheitskräuter: Ringelblumen für zarte Füße, Schafgarbe für schönes Haar und Augentrost für einen strahlenden Blick. Unbedingt notwendig ist ein solches Luxus-Gärtlein jedoch nicht, denn die meisten Kräuter dienen ohnehin gleichermaßen Gesundheit, Schönheit und Genuss.

Die Arbeit der Hexe

Markieren Sie in Ihrem Garten auf einem großen, quadratischen Stück mehrere kleinere Segmente, zwischen die Sie Trittsteine legen, um die Beete gut erreichen zu können. Zuvor sollten Sie aber genau den Lauf der Sonne beachten: Kräuter mögen Morgen- und Abendsonne, und die meisten brauchen viel Licht und Wärme, während sich manche im Halbschatten wohler fühlen. Außerdem liebt die Mehrzahl der Pflanzen – vor allem die südlichen – einen trockenen Boden, sie müssen im Sommer aber trotzdem regelmäßig gegossen werden; nur wenige gedeihen in feuchtem Terrain.

Beim Einpflanzen achten Sie auf die Höhe der Kräuter: kleinwüchsige wie Thymian, Majoran und Rauke kommen nach vorn, die hohen wie Lavendel, Estragon und Liebstöckel bilden den Abschluss nach hinten. Am besten gedeihen Salbei und Ysop an weißen Mauern, die das Licht reflektieren und die Wärme speichern. Dort übersteht sogar so mancher starke Rosmarinstock den Winter. Wer sichergehen will, pflanzt dieses Kraut des Südens in einen großen Topf und stellt ihn während der kalten Monate in einen hellen, kalten Raum. Auch Basilikum gehört besser in den Blumentopf: Es ist höchst beliebt bei Schnecken, die zum Verspeisen der zarten Pflänzchen im Beet nur einige Stunden brauchen.

Im Garten wuchern manche Kräuter übrigens ebenso stark wie andere Pflanzen, die sich wohl fühlen, weshalb Liebstöckel, Minze, Zitronenmelisse und Oregano auch ausreichend Platz brauchen. Thymian, Salbei und Bohnenkraut vermehren sich nicht ganz so rasant, so dass regelmäßiges Ernten gewöhnlich ausreicht. Lavendel bildet an einem warmen, geschützten Ort regelrechte Büsche – und mit einem Bänkchen davor ist die lauschige Ecke perfekt.

Gärten in luftiger Höhe

Auf Balkon und Dachterrasse müssen Sie sich beschränken: Wählen Sie leichte Plastiktöpfe, die sich gut verrücken lassen, damit die Pflanzen mit der Sonne wandern. Außerdem können Sie so auf Minibalkons mehr Kräuter wachsen lassen, denn hier kann es bei schweren Holzkästen und Terrakottagefäßen leicht zu Gewichtsproblemen kommen. Auf Dachterrassen können Sie dagegen große Pflanztröge nutzen – je nach Größe fassen sie fünf oder mehr Kräuter. Schnüre an der Seite erlauben das Klettern, was z. B. Kapuzinerkresse und Rosen mögen. Und Sie können kombinieren: Feuerbohnen mit Bohnenkraut oder Erbsen mit Zitronenmelisse, die Ihnen vor den Früchten noch wunderschöne Blüten schenken.

Arbeit im Kräutergarten macht Spaß und stellt eine tiefe Verbindung zu Mutter Erde her. Sie sehen die Sprösslinge und Pflanzen wachsen und können schon nach relativ kurzer Zeit die Früchte Ihrer Arbeit ernten und damit sich und Ihrem Körper etwas Gutes tun.

Auch wer keinen Garten hat, braucht auf selbst gezogene und gepflanzte Kräuter nicht zu verzichten: Für Ihre Lieblingskräuter ist Platz auf dem kleinsten Balkon.

Manche Küchenkräuter wie etwa Salbei kann man das ganze Jahr über ernten. Bei Wildkräutern dagegen ist die Jahreszeit wichtig, denn nur die jungen Triebe schmecken wirklich gut – ältere Pflanzenteile sind gewöhnlich zu herb.

Hexenzauber auf der Fensterbank

Vier bis fünf Stunden Sonne am Tag und liebevolle Pflege – dann gedeihen Kräuter auch im Blumenkasten am Fenster. Trotzdem braucht die Kräuterhexe einen grünen Daumen und magische Kräfte, die gegen allerlei Getier und Pflanzenleiden wirken, sonst machen die Gewächse auf Dauer keine Freude.

Der geeignete Kräuterkasten ist aus Holz oder Kunststoff, mindestens 25 Zentimeter lang und am Boden mit Löchern gegen Staunässe versehen. Bringen Sie ihn möglichst vor dem Fenster im Freien an und sichern Sie ihn gut ab, bevor Sie ihn mit Sommerkräutern versehen wie Basilikum, Dill, Petersilie und Pimpinelle. Borretsch lässt sich ebenfalls einfach ziehen, und Kerbel kann man immer wieder nachsäen. Starke Salbei- und Thymianpflanzen überwintern, wenn man sie mit Zweigen abdeckt, und bei Oregano und Rauke ist die kalte Jahreszeit ohnehin kein Problem: Die Pflanzen treiben im Frühjahr wieder schön aus.

Wilde Kräuterhexereien

Wer Wildkräuter bevorzugt, sollte beim Sammeln unbedingt einige Punkte beachten:

1. Nur Pflanzen sammeln, die Sie zweifelsfrei kennen. Wenn Sie sich nicht sicher sind, besorgen Sie sich ein Bestimmungsbuch, und ernten Sie erst, wenn Sie die verschiedenen Wachstumsstadien und die Blüte beobachtet haben. Im Klartext heißt das gewöhnlich: im ersten Jahr lernen, im nächsten sammeln. Aber gewissenhafte Hexen schreckt das nicht, denn sie gehen in allen magischen Künsten so gründlich vor.

2. Nur an ungedüngten Plätzen und fern von Straßen, befahrenen Forstwegen, Schuttplätzen, Bahndämmen, Hundespazierwegen und anderen schadstoffreichen Regionen sammeln. Für klärschlammgedüngte Felder und Wiesen kann reichlich Klatschmohn ein Indikator sein, denn deren Samen sind so widerstandsfähig, dass sie auch durch Klärschlamm nicht zerstört werden. Gelbe Löwenzahnwiesen können dagegen stark mit Gülle gedüngt sein und schwächen zudem die Artenvielfalt: Die Samen von Löwenzahn reifen viel rascher als andere Wiesenkräuter, und durch die frühe Heumahd – heute meist schon Mitte Mai statt Anfang bis Mitte Juni – vermehrt sich vor allem Löwenzahn.

3. Nur Pflanzen sammeln, die weder geschützt noch im Bestand gefährdet sind. Schneiden Sie auch Wildkräuter so vorsichtig ab, dass die Pflanze neu austreiben kann, und nehmen Sie nur so viel, wie Sie wirklich brauchen. Mutter Natur zeigt viel Geduld, doch sie nimmt es sehr übel, wenn man sorglos mit ihren Gaben umgeht.

4. Zum Sammeln am besten Körbe nehmen. In Papiertüten oder Stoffbeuteln werden die Pflanzen leicht gequetscht, in Plastikbeuteln bildet sich schnell zu viel Feuchtigkeit.

Die Kräuterhexe erntet

Ernten können Sie ebenfalls mit dem Mond – vor allem Kräuter zum Trocknen. Am besten pflücken Sie vormittags, wenn der Morgentau verdunstet ist, und legen Stängel für Stängel nebeneinander in die Sonne. Sobald sie welk sind, bindet man sie zu Büscheln und hängt sie an einen luftigen, möglichst staubarmen Platz. Erst wenn sie völlig trocken sind, werden sie zwischen den Fingern grob oder fein zerkleinert und in saubere, gut verschließbare Gefäße gefüllt.

Kräuter, die Sie frisch verwenden, sollten Sie möglichst erst kurz vor der Verarbeitung ernten. Sie schmecken und wirken zwar frühmorgens am intensivsten, doch das nützt wenig, wenn sie einige Stunden liegen, bevor sie mittags unter den Salat gemischt oder abends ins Kräuterbad gegeben werden. Beim Abschneiden sollten Sie darauf achten, dass der untere Teil der Pflanze erhalten bleibt, damit sich neue Triebe bilden. Den meisten Kräutern schadet es zwar nicht, wenn Sie einzelne Blätter abpflücken, doch wenn Sie den ganzen Zweig abschneiden, treibt die Pflanze wieder neu aus, und dieses langsame Wachstum kommt dem Aroma zugute.

Die Kräuterhexe schützt

Wir Kräuterhexen wissen, dass Wespen und Hornissen weder aggressiv noch gefährlich sind, sondern wie Bienen und Hummeln zur Bestäubung und damit zur Vermehrung der Pflanzen beitragen. Nur Unwissende sehen auch viele andere nützliche Tiere als Schädlinge an, die oft gefährdet sind, weil Gartenbesitzer zu viel Gift streuen. Nicht töten, sondern fernhalten ist deshalb der oberste Grundsatz der Kräuterhexe. Wir verjagen die Tiere auch nicht aus dem gesamten Garten, sondern schützen lieber die Pflanzen, die wir verwenden wollen. Den Insekten lassen wir dafür ein paar Kräuter, an denen sie sich gütlich tun können.

Was natürlich wirkt

Räucherstäbchen oder Essig gegen wilde Bienen: Im Frühjahr in die Erde stecken beziehungsweise dort versprühen, wo die Bienen sich niederlassen wollen.

Aromaöle gegen Schnecken: Immer wieder um die von Schnecken bevorzugten Kräuter und Blumen ein paar Tropfen Heilöl mit Menthol, Citronella oder anderem starken Duft geben. Die Düfte häufig wechseln, denn Schnecken sind höchst anpassungsfähig.

Wasser gegen Läuse: Basilikumpflanzen im Topf unter fließendem Wasser gründlich abspülen; dabei die Pflanze geneigt halten, damit die Blumenerde nicht zu nass wird. Die »Wäsche« jeden Tag so lange wiederholen, bis die Läuse verschwunden sind. Pflanzen im Gartenbeet mit einer Lösung aus normalem Spülmittel und Wasser besprühen. Die Kräuter vor der Verwendung gut waschen!

Lavendel gegen Ameisen: Lavendel, neben Rosen gepflanzt, hält Ameisen und damit auch die Läuse fern, die von den fleißigen Tierchen »gezüchtet« werden. Damit es hilft, braucht man jedoch sehr große Stöcke, die nur in mildem Klima gedeihen. Sonst nimmt man besser Lavendelöl (aus der Apotheke).

Kräuterhexen gehen bei der Gartenarbeit umweltfreundlich vor und haben die gesamte Schöpfung im Auge, deshalb lassen sie auch Raum für so genannte Unkräuter wie Brennnesseln, die z. B. manche Raupen zum Überleben brauchen. Gift gegen Schädlinge ist für Kräuterhexen selbstverständlich tabu. Dagegen werden sanfte Mittel wie Aromaöle oder Räucherstäbchen eingesetzt.

Kräuter
im Überblick

Anis

Das fein behaarte Kraut mit den zartweißen bis zartrosa Blütenschirmchen können Sie nur selten kaufen, es gedeiht aber im Garten oder im Topf: Die Pflänzchen bekommen Sie bei einem guten Gärtner oder über den Versand. Sie können aber auch die kleinen, halbmondförmigen Samen nach dem letzten Frost in humusreichen Boden säen. Wenn Sie neben dem Kraut auch die Samen ernten wollen: Die Zweige im Herbst abschneiden, bevor die Samen ganz reif sind, bündeln und an einem halbschattigen Platz trocknen lassen. Dann die Samen aus den Dolden schütteln und in gut verschließbare Gläser geben.

Günstig für würzigen Anis, bei dem es auf Blätter und Früchte ankommt, sind bei der Aussaat die Wasserzeichen Krebs im Sommer und Fische im Frühjahr. Wichtig ist ein tiefes Pflanzgefäß, denn Anis bildet lange Pfahlwurzeln.

Bärlauch

Das Kraut mit dem starken Duft nach Knoblauch und Zwiebeln wächst in Wäldern und in Parkanlagen an feuchten Stellen unter hohen Bäumen. Bärlauchpflanzen für den Garten bekommen Sie bei einem guten Gärtner oder über den Versandhandel. Jede Pflanze hat nur zwei hellgrüne Blätter, die an Maiglöckchen erinnern. An der Spitze des bis zu 25 Zentimeter langen Stängels sitzen die kleinen, weißen Blütensternchen wie in einer Dolde. Aber Vorsicht: Wer sammelt, muss ganz sicher sein – nur Bärlauchblätter riechen beim Zerreiben intensiv nach Knoblauch. Sonst die Pflanzen unbedingt stehen lassen, damit es nicht zu einer Verwechslung mit den giftigen Maiglöckchen und den tödlich giftigen Herbstzeitlosen kommt.

Tierkreiszeichen und Aussaat

Ideal für Bärlauch mit milden Blättern sind die Wasserzeichen Krebs und Skorpion. Auch Fische sind gut geeignet, wenn Sie die Pflanzen erst im nächsten Jahr ernten wollen.

Basilikum

Basilikum aus Samen zu ziehen verlangt den berühmten grünen Daumen. Kaufen Sie deshalb besser einige Pflänzchen Ihrer Wunschsorten (siehe Seite 16) bei einem guten Gärtner oder über den Versand – die Pflanzen aus dem Supermarkt und den Gartencentern sind meist zu schwach, weil es den Züchtern nur auf schnelles Wachstum ankommt. Setzen Sie die Pflanzen in lockere, nährstoffreiche Erde – am besten in große Blumentöpfe –, und stellen Sie die Töpfe auf der Terrasse oder dem Balkon an einen sonnigen Platz. So sind sie zum einen vor den gefräßigen Schnecken geschützt und zum anderen bei zweifelhaftem Wetter auch schnell mal wieder nach innen gebracht. Wenn Sie fleißig gießen und beim Ernten immer die ganzen Blatttriebe pflücken, wird das Kraut schön buschig.

Beifuß

Er wächst überall da, wo es genügend Stickstoff gibt: an Wald- und Straßenrändern, im Gebüsch und an Bächen, auf Schuttplätzen und an Bahndämmen. Weil aber reichlich Stickstoff auch Plätze mit vielen Schadstoffen anzeigen kann, gräbt man die jungen Pflänzchen dort lieber nicht aus, sondern kauft sie beim Gärtner. Beifuß braucht viel Platz, damit er seine endgültige Größe von stattlichen 1,50 Meter erreichen kann. Zum Ernten werden die Zweige vor der Blüte im Juli abgeschnitten, getrocknet und die Triebe und Knospen nur im oberen Drittel der Zweige abgestreift.

Bockshornklee

Das Kraut aus der Familie der Hülsenfrüchte kann man bei uns nicht kaufen, aber die Samen gibt es in asiatischen Läden und Feinkostgeschäften. Sein Anbau ist einfach und tut den anderen Pflanzen gut: Wie alle Hülsenfrüchte düngt Bockshornklee die Erde, weil er bestimmte Bakterien bindet, die den Stickstoff aus der Luft aufnehmen und dem Boden zuführen. Die Samen in Abständen von etwa 20 Zentimeter in die Erde stecken – für Bockshornklee als Gewürz reicht ein großer Blumentopf. Kräuterhexen, die Bockshornklee als Gemüse verwenden, säen ihn mit genügend Abstand in Reihen. Die Pflanzen mit den kleeähnlichen Blättern blühen von April bis Juli. Aus den weißen, gelblichen oder violetten Blüten bilden sich etwa zehn Zentimeter lange, säbelartig gebogene Hülsen. Darin liegen jeweils 10 bis 20 hellbraune oder gelbliche, kantige Samen, etwa halb so groß wie Pfefferkörner, die man aus den Hülsen schüttelt und trocknet.

Bohnenkraut

Es gibt sowohl einjähriges, zartes Bohnenkraut als auch winterhartes, kräftiges Bergbohnenkraut, und beide eignen sich ideal für Balkon und Dachterrasse: In großen Töpfen wächst es zu einem üppigen kleinen Busch heran und blüht den ganzen Sommer über. Der würzige Duft kommt vom Flaum auf den langen, schmalen Blättchen, deren winzige Drüsen das ätherische Öl ausscheiden. Besonders unkompliziert ist der Anbau mit Setzlingen vom Gärtner. Preiswerter zieht man Bohnenkraut aus Samen, die im zeitigen Frühjahr ausgesät werden. Sobald die jungen Pflanzen erscheinen, muss man sie so auszupfen, dass sie jeweils etwa 15 Zentimeter Abstand haben. Außer lockerer, nährstoffreicher Erde braucht Bohnenkraut sehr viel Sonne. Zum Ernten die Blätter und Triebe kurz vor der Blüte pflücken.

Borretsch

Er braucht einen hellen Platz im Kräuterbeet (für den Blumentopf eignet er sich wegen seiner langen Pfahlwurzel nicht). Nach dem Aussäen der großen, schwarzen Samen in kalkhaltige oder sandige Erde – dabei reichlich Abstand halten – können Sie nach etwa drei Wochen ernten. Im Herbst sterben die Pflanzen zwar ab, aber aus den Samen wachsen im Frühjahr die neuen Pflänzchen ganz von selbst. Borretschblüten enthalten so viel Nektar, dass ein Borretschbeet eine der besten Bienenweiden im Kräutergarten ist.

Brennnessel

Die jungen Blätter schmecken im Frühjahr und Frühsommer am besten – zartbitter und etwas herber als Spinat. Beim Sammeln zieht man Handschuhe an, denn Brennnesseln brennen überall: Stängel und Blätter sind mit kleinen Härchen versehen, deren Spitze bei Berührung abbricht. Im unteren Teil sitzt ein noch unbekanntes, aber völlig unschädliches Nesselgift, das die unangenehmen Quaddeln auf der Haut verursacht.

Brunnenkresse

Erfahrene Kräuterhexen sammeln Brunnenkresse nicht mehr selbst, denn inzwischen ist sie so selten geworden wie die sauberen Gewässer, die sie zum Gedeihen braucht. Schon aus Gründen des Umweltschutzes sollte man sie also dort stehen lassen, wo sie wild wächst: im seichten Wasser von Quellen und Bächen, Teichen und nassen Gräben. Wichtig für Unerfahrene: In der Nähe von Schafweiden kann das Kraut von Parasiten befallen sein, die auf den Menschen übertragbar sind, und ihr giftiger Doppelgänger, der Knotenblättrige Sellerie, wächst ebenfalls an Bachrändern. Brunnenkresse säen Sie also besser selbst an – die Samen bekommen Sie im Gartencenter – und halten den Boden immer sehr feucht.

Bohnenkraut ist schon seit mehr als 2 000 Jahren bekannt. Die Römer würzten damit Saucen und Essig und schätzten es als Aphrodisiakum, daher auch der lateinische Name Satureia (Satyrspflanze).

Currystrauch

Das Kraut mit den silbergrauen Blättern duftet wie Currypulver. Kräuterhexen setzen die Pflänzchen, die es beim Gärtner oder über den Versand gibt, in lockere Erde, halten sie eher trocken und gönnen ihnen genügend Sonne. Im Winter sollte man sie mit einer dicken Lage Tannenzweigen abdecken, denn das Kraut ist zwar mehrjährig, verträgt aber keinen Frost.

Dill

Dillsamen können Sie an ausgewachsenen Pflanzen auch selbst ernten: Sobald die anfangs leuchtend gelben Blüten braun werden, sind die Samen reif. Dann einfach die Stängel abschneiden und gebündelt zum Trocknen aufhängen, bis die Samen aus den Dolden fallen. Im nächsten Jahr kommen sie von April bis Mai ins Kräuterbeet (im Blumenkasten oder -topf gedeiht Dill nicht), wo die Pflänzchen einen sonnigen, windgeschützten Platz und viel Wasser brauchen. Nach vier bis sechs Wochen sind sie reif für die Küche und Sie können nachsäen – bis in den Hochsommer hinein.

Curryblätter sind ein wichtiger Bestandteil im Madras-Currypulver. Zerreibt man die Blätter zwischen den Fingern, verströmen sie eindeutig einen Currygeruch.

Tierkreiszeichen und Aussaat

Günstig für würzigen Dill, bei dem es auf die Blätter und Früchte ankommt, sind die Wasserzeichen Krebs und Fische.

Estragon

Estragon gehört zur Familie der Korbblütler und ist eine sehr anspruchslose Pflanze. Er braucht allerdings einen sonnigen Platz und durchlässigen, eher trockenen Boden. Kaufen Sie am besten Setzlinge, die Sie ab Mai in Abständen von etwa 60 Zentimeter ins Kräuterbeet pflanzen – die Wurzeln brauchen viel Platz, weil sie waagerechte Ausläufer bilden. Im Herbst müssen die Pflanzen zurückgeschnitten und mit Stroh oder Tannenzweigen abgedeckt werden, die man erst nach dem letzten Frost im Frühjahr wieder entfernen sollte. Damit Estragon sein Aroma lange hält, wird er alle zwei Jahre geteilt und an eine andere Stelle gepflanzt oder im Blumentopf mit frischer Erde versehen. Estragon kann eine Höhe von eineinhalb Meter erreichen.

Tierkreiszeichen und Aussaat

Günstig für den sensiblen Estragon sind die Erd- und Wasserzeichen Stier, Krebs, Jungfrau und Skorpion. Im Frühjahr kommen die Fische infrage.

Fenchel

Vorgezogene Pflänzchen gibt es im Frühjahr in manchen Gartencentern, aber da die Nachfrage gering ist, muss man sie manchmal eigens bestellen; die Samen bekommen Sie dagegen überall. Oder Sie lassen einige Pflänzchen blühen und Samen bilden, schneiden die Stängel ab und lassen sie wie Kümmel trocknen (siehe Seite 59).

Gänseblümchen

Sie wachsen auf Wiesen, an Wegrändern und Waldlichtungen. Im Garten mögen sie lehmige Böden und verbreiten sich dort ohne Hilfe ganz von allein.

Giersch (Geißfuß)

Diese Pflanze ist nur für solche Kräuterhexen geeignet, die Wert auf einen Naturgarten legen und reichlich Giersch verwenden wollen. Alle, die Wert auf Ordnung im Beet legen, sollten ihn dagegen nicht anpflanzen, denn wenn er sich einmal im Garten angesiedelt hat, wird man ihn meist nicht mehr los.

Gänseblümchen kennt jedes Kind, und sie sind eine hübsche Garnitur für Salate, belegte Brote oder – kandiert – für Kuchen und Torten.

Gundermann

Er wächst an schattigen Plätzen und bildet mehr als einen Meter lange Quertriebe, von denen sich aber nur die Stiele mit den lila oder violetten Blüten aufrichten. Gundermannblätter sind nieren- oder herzförmig, mit leichtem Flaum bedeckt und bleiben auch im Winter grün. Die Blättchen und jungen Triebe pflückt man noch vor der Blüte von März bis Juni. Sie riechen leicht nach Minze, schmecken angenehm scharf und einen Hauch bitter.

Kapuzinerkresse

Sie wächst auf sandigen Böden überall, wo es sonnig ist, und bildet auch in Blumenkästen oder -kübeln schöne Kissen mit sattgrünen Blättern und gelben, roten und orangefarbenen Blüten. Es gibt eine rankende Art (Glanzhybride) und niedrig wachsende Kapuzinerkresse (Zwergkapuzinerkresse oder »Persische Juwelen«). Beide Sorten werden im Frühjahr einfach ausgesät, häufig gegossen und nach Bedarf geerntet. Früchte zum Einlegen in Essig müssen Sie alle paar Tage pflücken, sonst werden sie zu hart.

Aus den weißen oder rosafarbenen Blüten der Kreuzkümmelpflanze entwickeln sich jeweils zwei gelbbraune, längs gerippte Samen mit einem intensiven Aroma.

Kerbel

Im Halbschatten und bei regelmäßiger Wasserzufuhr wächst er vom Frühjahr bis zum Herbst. Die Samen werden ab März bis zum Frühsommer in Reihen mit 15 bis 20 Zentimeter Abstand ins Beet gesät. Doch auch mit vorgezogenen Pflänzchen, die im Balkonkasten oder in großen Blumentöpfen wachsen, kann man reichlich ernten. Kerbel sollte man bis 30 Zentimeter hoch wachsen lassen, danach verliert er an Aroma. Verwenden Sie aber nur das Kraut, da die Wurzeln als giftig gelten.

Tierkreiszeichen und Aussaat

Günstig für den würzigen Kerbel sind die Feuerzeichen Widder oder Löwe. Da er auch im Winter wächst, eignet sich der Schütze ebenfalls: die Samen in Blumenkästen säen und in einen kühlen Raum stellen.

Knoblauchsrauke

Sie wächst in Laubwäldern, an Hecken und Büschen, auf Schuttplätzen und in waldnahen Gärten. Im zeitigen Frühjahr sprießen die ersten Blätter: Sie sind kreis- bis nierenförmig mit einer tiefen Einbuchtung am Stiel, sattgrün und sehr zart mit auffallend deutlichen Blattrippen. Sobald die Pflanze größer wird, formen sich die Blätter herz- bis lanzettförmig mit ausgeprägten »Zähnen«, und im Mai und Juni erscheinen die weißen Blütendolden. Wenn Sie zum ersten Mal sammeln, sollten Sie bis zur Blüte warten, um die Pflanze zweifelsfrei bestimmen zu können. Wenn man die Blätter zwischen den Fingern zerreibt, riechen sie intensiv nach Knoblauch. Wer sie kennt, pflückt die ersten Blättchen im April und Mai, denn die schmecken am besten. Für den Garten graben Sie eine wild wachsende Knoblauchsrauke aus und setzen sie in lockere, nähr- und stickstoffreiche Erde an einen schattigen Platz.

Koriander

Bei Koriander, der auch im Blumenkasten oder im Topf wächst, säen Sie die Samen mit ausreichend Abstand in lockere, leichte Erde, denn ein Verpflanzen vertragen die Pflänzchen nicht. Sie brauchen viel Sonne und nicht zu viel Wasser. Ernten können Sie, sobald die Blättchen etwa daumenhoch sind. Wie bei den meisten Kräutern, die in Licht, Luft und Wärme wachsen dürfen, entwickelt er schon bald sein wundervolles Aroma.

Kresse

Für die meisten Kinder ist Kresse die erste Pflanze, die sie beim Keimen, Wachsen und Reifen beobachten können. Und das geht sehr rasch: Bereits nach zwei Tagen brechen die Samen auf, und nach spätestens zehn Tagen ist die Kresse erntereif. Wer Küche oder Balkon mit dem frischen Grün schmücken möchte, besorgt sich einen Kresseigel aus Keramik, in dem die Samen hygienischer wachsen als auf feuchten Tüchern oder nasser Watte. In jedem Fall aber muss man Kresse häufig gießen. Wichtig für die Ernte: Je größer die Pflänzchen wachsen, desto schärfer schmecken sie.

Tierkreiszeichen und Aussaat

Günstig für die scharfe Kresse sind die Feuerzeichen Widder oder Löwe. Da sie gut im Winter wächst, eignet sich auch der Schütze.

Kreuzkümmel

Kreuzkümmel kauft man als fertige Pflänzchen, aber man braucht viel Geduld, denn bis er reif zum Ernten ist, dauert es seine Zeit. Im Garten gibt man ihm wie Kümmel einen schönen Sonnenplatz und lockere Erde.

Tierkreiszeichen und Aussaat

Günstig für den sensiblen Kreuzkümmel sind die Erd- und Wasserzeichen Stier, Krebs, Jungfrau und Skorpion. Im Frühjahr kommen die Fische in Frage.

Kümmel

Ähnlich wie Koriander braucht Kümmel lockeren Boden und Sonne und wird im Herbst oder Frühjahr ausgesät. Zum Ernten der Samen lassen Sie einige Pflanzen weiterwachsen, bis die Samenkapseln braun werden, aber noch geschlossen sind. Dann schneiden Sie die Pflanzen ab, binden sie zusammen und hängen sie mit den Samenkapseln nach unten zum Trocknen auf. Legen Sie ein Tuch darunter, damit die aufspringenden Samen aufgefangen werden und nachtrocknen können.

Lavendel

Ziehen Sie Lavendel aus guten Samen, oder setzen Sie gleich ein junges Pflänzchen in einen großen Kübel. Im Garten an einem sonnigen, windgeschützten Platz kann er sogar zu einem breiten, bis zu 50 Zentimeter hohen Busch heranwachsen. Die unkomplizierte Pflanze sollte im Herbst zurückgeschnitten werden. Im Winter bewahrt man die Blumenbeet-Pflanzen mit Tannenzweigen vor Frost. Kübelpflanzen brauchen zusätzlich einen geschützten Platz mit genügend Licht und Luft, damit sie die kalte Jahreszeit überstehen.

Liebstöckel

Das Kraut braucht durchlässigen Lehmboden und einen sonnigen Platz, wo es sich gut ausbreiten kann. Ein einziges Pflänzchen vom Gärtner oder aus dem Gartencenter reicht übrigens völlig aus, denn Liebstöckel wächst rasch so hoch, dass Sie ihn im Kräuterbeet zwei- bis dreimal pro Sommer kräftig zurückschneiden müssen, damit er die anderen Pflanzen nicht verdrängt. Ernten können Sie Liebstöckel eigentlich das ganze Jahr über, doch am besten schmecken die Blätter während der Blüte im Juli und August.

Den Namen Liebstöckel verdankt dieses Doldengewächs alten Hexenmythen: Hexen verstanden es angeblich, einen Liebestrank daraus zu brauen, und noch heute hält sich das Gerücht, dass die Manneskraft mit Hilfe von Liebstöckel gesteigert wird.

Löffelkraut

Löffelkraut braucht Salz zum Gedeihen, deshalb wächst es auch in der Nähe von Salzquellen, vorwiegend aber auf salzhaltigen, feuchten Böden in Küstennähe. Sammeln Sie die Blättchen vor der Blüte im Mai, denn dann ist die Zusammensetzung optimal. Löffelkraut enthält sehr viel Vitamin C, Mineralien, Gerb- und Bitterstoffe, ist also das beste Kraut für die Frühjahrskur, ernten können Sie aber das ganze Jahr über, denn Löffelkraut zählt zu den immergrünen Pflanzen. Geben Sie ihm einen feuchten Platz im Garten, und vergessen Sie nicht, die Pflanze regelmäßig zu gießen – auch im Winter, vor allem, wenn er lang dauert, kalt und trocken ist.

Lorbeer

Der immergrüne, buschige Baum, der in wärmeren Gebieten bis zu neun Meter hoch wird und mehrere hundert Jahre alt werden kann, lässt sich nur schwer aus Samen ziehen. Man nimmt deshalb Setzlinge und pflanzt sie in große Kübel, die sich gut transportieren lassen, denn Lorbeer muss in einem kühlen Raum überwintern. Im Sommer braucht die dekorative Pflanze mit den glänzenden, dunkelgrünen Blättern und den flockigen, blassgelben oder grünlichen Blüten einen windgeschützten, sonnigen Platz.

Majoran kennt man seit der Antike. Griechen und Römer sahen in ihm ein Symbol des Glücks. Liebende wurden mit Majoran bekränzt. Die Griechen pflanzten ihn auf Friedhöfe, damit er den Toten ewigen Frieden schenkte.

Löwenzahn

Er wächst dort am üppigsten, wo kräftig mit Gülle gedüngt wird. Deshalb sollten Sie ihn nicht auf den Wiesen sammeln, die für die Heumahd bestimmt sind, sondern ihn lieber aus dem Garten, vom Waldrand oder – als gezüchtetes Kraut – vom Gemüsehändler holen. Der Milchsaft hinterlässt dunkle Flecken auf der Haut, die allerdings beim Schrubben mit der Nagelbürste wieder verschwinden. Vom wilden Löwenzahn nimmt man nur die kleinen, jungen Blätter; größere schmecken zu bitter. Außerdem kann man die Knospen und die eben geöffneten Blüten verwenden.

Majoran

Er braucht einen sonnigen, windgeschützten Platz im Garten oder auf dem Balkon, leichte, humusreiche Erde und viel Feuchtigkeit. Ins Freie säen kann man ihn erst Ende April; Setzlinge dürfen sogar erst im Mai nach dem letzten Frost ins Beet, in einen großen Topf oder geräumigen Blumenkasten. Wichtig ist sorgfältiges Jäten, denn mit Wildkräutern, sprich Unkraut, verträgt Majoran sich nicht. Geerntet wird im Sommer, wenn die Blüten sich noch nicht geöffnet haben. Allerdings kann Majoran während der kurzen Vegetationsperiode keine Samen bilden; im nächsten Frühjahr muss man ihn also wieder aussäen.

Meerrettich

Er begnügt sich mit einem Eckchen im Garten und gedeiht auch ohne viel Pflege jahrelang. Nur der Boden muss stimmen: Meerrettich braucht sandigen Lehmboden mit reichlich Nährstoffen, der die Feuchtigkeit gut hält, außerdem viel Sonne und so viel Platz, dass die Wurzeln gerade nach unten wachsen können – Blumentöpfe und -kästen sind also meist zu klein. Am einfachsten ist es, wenn Sie einige Pflänzchen vom Gärtner im März oder April mit jeweils 25 Zentimeter Abstand in die Erde setzen.

Bei der alten und für Kräuterhexen interessanteren Pflanzmethode wählen Sie mehrere, etwa 35 Zentimeter lange und 1 Zentimeter dicke Wurzeln mit einem neuen Trieb am oberen Ende, schneiden das untere Ende schräg ab und reiben die Wurzeln mit einem Tuch ab, um alle Fadenwürzelchen und Knospen zu entfernen. Dann schichten Sie im Beet einen etwa 30 Zentimeter hohen und 50 Zentimeter breiten Hügel auf, in den Sie die Wurzeln von beiden Seiten in einem Winkel von etwa 30 Grad schräg nach unten einpflanzen, wobei Sie zwischen den Wurzeln etwa 30 Zentimeter Abstand lassen. Wenn Sie im Sommer auch die Seitentriebe regelmäßig abschneiden, können Sie sich im Herbst an einer besonders starken, aromareichen Hauptwurzel erfreuen. Zum Ernten ab Oktober ziehen Sie die Stauden wie Möhren aus der Erde. Meerrettich ist winterhart; was man nicht gleich braucht, lässt man einfach im Beet stehen. Die Wurzeln schmecken übrigens am besten, wenn es kalt ist. Deshalb ist Meerrettich auch ein typisches Wintergemüse.

Minze und Pfefferminze

Der Anbau von Minze, die es in vielen Varietäten gibt, lohnt sich allemal. Die Pflänzchen Ihrer Wunschsorten (siehe Seite 34) holen Sie sich am besten bei einem Gärtner oder bestellen sie über den Versand. Sie brauchen feuchten, humosen Boden, und auch eine Kompostgabe im Herbst tut ihnen gut. Aber Vorsicht: Minze muss man im Zaum halten, damit sie nicht zu sehr wuchert.

Tierkreiszeichen und Aussaat

Für die wasserliebende Minze kommen nur die Wasserzeichen in Frage: Skorpion in einem milden Herbst, Fische im Frühling.

Oregano

Setzen Sie ein paar kräftige Pflänzchen an einen sonnigen Platz im Garten, und Sie können schon nach einigen Wochen ernten. Im Laufe der Jahre wächst Oregano dann zu einem schönen Teppich heran, der weder bei Läusen noch bei Schnecken sonderlich beliebt ist – vielleicht wegen seines starken, würzigen Geruchs. Die Pflänzchen Ihrer Wunschsorten (siehe Seite 35) bekommen Sie beim Gärtner oder über den Versand.

Petersilie

Samen von kraus- und glattblättriger Petersilie über Nacht in warmem Wasser einweichen und in lockerem, nährstoffreichem Boden aussäen. Die Keimzeit beträgt mindestens sechs Wochen. Im ersten Jahr bildet Petersilie nur eine Blattrosette am Boden, im zweiten Jahr wächst sie zu einem mehr als 1 Meter hohen Kraut heran. Wurzelpetersilie ist eine andere Sorte mit blassgelben, möhrenähnlich schlanken Wurzeln und glatten Blättern, die man genau wie Blattpetersilie verwendet.

Pimpinelle

Setzen Sie gleich mehrere Pflänzchen ein, und düngen Sie im Herbst mit Kompost, denn Pimpinelle braucht lockere Erde.

Portulak

Portulak wird von alten Bauern auch noch Burzelkraut genannt. Es ist eine alte Kulturpflanze, die fast überall auch wild wächst. Winterportulak sät man im August und September für die Herbst- und Winterernte ins Beet oder in große Balkonkästen, die nicht den Winterstürmen ausgesetzt sind. Sommerportulak-Samen kommen im März in die Erde. Wer Pflänzchen kaufen will, muss sie ebenfalls im Frühjahr holen, denn später bietet man Ihnen nur noch das Portulakröschen an. Gießen ist wichtig – im Winter und im Sommer.

Rauke

Sie können sie einfach aussäen – in den Topf, den Blumenkasten oder den Garten. In den ersten beiden Jahren dachte ich, Rauke sei den Schnecken zu würzig. Das war ein Irrtum – offenbar gewöhnen sich die gefräßigen Tiere nach einigen Generationen an jedes Grünzeug. Trotzdem bleibt genug für die Küche übrig.

Rauke wächst schnell und üppig und kann immer nachgesät werden. Ernten sollten Sie vor der Blüte, sonst sind die Blättchen zu scharf.

Rosmarin

Die Pflänzchen Ihrer Wunschsorten (siehe Seite 38) bekommen Sie beim Gärtner oder über den Versand. Alle brauchen einen großen Topf und einen richtigen Sonnenplatz. Kräuterhexen mit grünem Daumen gelingt es, Rosmarin auch im Gartenbeet zu hegen und durch den Winter zu bringen. Rosmarin im Topf stellt man winters in einen hellen, kalten Raum und gießt ihn alle 14 Tage, damit der Wurzelballen nicht austrocknet.

Schnittknoblauch hat nur schwach ausgeprägte Triebe. Sie werden geerntet, wenn sie eine Länge von 35 bis 45 Zentimeter erreicht haben. Das Kraut ist intensiver im Geschmack als der gewöhnliche Schnittlauch.

Salbei

Im Topf überdauert er höchstens zwei Winter, im Garten bleibt er jedoch gewöhnlich erhalten: Die Pflanze an einen windgeschützten, sehr sonnigen Platz setzen – am besten an eine weiße Hausmauer, die nach Südosten oder Südwesten weist. In milden Wintern können Sie sogar ernten – zwar trägt er dann keine allzu aromatischen Blätter, doch ein bisschen Salbeiaroma an Lammfleisch und gebratenem Gemüse hilft beim Träumen vom Sommer. Bei Salbei gibt es viele verschiedene Varietäten (siehe Seite 40). Kaufen Sie die Pflänzchen bei einem guten Gärtner oder über den Versand.

Sauerampfer

Säen Sie ihn ab April in die Wiese, und vergessen Sie nicht, das Gras bis zur ersten Mahd im Juni wachsen zu lassen. Sauerampfer braucht einen eher schattigen Platz und feuchten Boden mit genügend Humus. Wichtig fürs Ernten: Je größer die Blätter, desto stärker die Säure. Die Blätter sollten möglichst frisch gepflückt sein; welker oder gar getrockneter Sauerampfer schmeckt nicht.

Sauerklee

Die Pflänzchen sind heller als Wiesenklee, wirken weit fragiler und tragen als Blätter drei regelmäßig geformte »umgedrehte« Herzen, die sich bei Regen und in der Nacht wie Schirmchen zusammenfalten und nach unten zeigen. Die Blüten haben gar nichts mit Klee zu tun: Es sind weiße, violett geäderte Sterne mit zartgelben Staubgefäßen. In feuchten, schattigen Wäldern bildet Sauerklee dichte Teppiche.

Schnittknoblauch

Pflanzen und Samen gibt es in Gärtnereien und Gartencentern. Schnittknoblauch ist so leicht zu ziehen wie Schnittlauch. Aus den Wurzelstöcken sprießen jeweils vier bis fünf schmale, abgeflachte, dunkelgrüne Stängel.

Schnittlauch

Am besten gedeiht er so: Eine Pflanze beim Gärtner kaufen und den Sommer über im Topf halten, im Winter nach draußen stellen, richtig durchfrieren lassen, dabei aber hin und wieder gießen. Im Frühjahr in den Garten setzen. Nur im Topf bleiben die Pflanzen schwächlich und bekommen Läuse.

Schnittsellerie

Die Pflänzchen sind viel unkomplizierter als Petersilie und werden von Schnecken gemieden. Es gibt zwei Sorten: Schnittsellerie mit glatten Blättern schmeckt milder und eignet sich deshalb für Salate, kalte Saucen, Brotaufstriche und leichte Suppen. Krausblättrigen Sellerie mit kräftigem Aroma nimmt man für alles, was länger kocht oder schmort.

Senf

Weichen Sie schwarze, weiße und gelbe Senfkörner zuerst in lauwarmem Wasser etwa drei Stunden ein, säen Sie die Körner in Anzuchterde, und gießen Sie jeden Tag mäßig. Sobald die Blättchen etwa daumenhoch sind, können Sie sie mit der Küchenschere abschneiden und zubereiten. Wenn Sie nicht die Blättchen, sondern schon die Sprossen verwenden wollen, geben Sie die gewässerten Samen in ein großes Einmachglas oder in eine Keimbox aus dem Naturkosthandel. Senfsprossen schmecken aromatisch und scharf wie Senf, ohne dabei die erfrischende Würze grüner Kräuter zu verlieren. Sie zeigen sich schon nach drei bis fünf Tagen, dann erscheinen die grünen Keimblättchen. Je höher die Senfpflänzchen wachsen, desto schärfer werden sie. Essen Sie Sprossen und Blättchen am besten roh oder nur kurz erhitzt, sonst verlieren sie nicht nur an Schärfe und Farbe, sondern eben auch viele Vitamine.

Thymian

Die Samen oder Jungpflanzen bekommt man beim Gärtner oder über den Versand. Setzen Sie die Pflänzchen in durchlässigen Boden mit viel Sonne und Platz, denn sie breiten sich über dicht am Boden kriechende Ästchen aus, und halten Sie Wildkräuter fern. Für den Blumentopf eignen sich kleine Sorten wie Zitronenthymian, Gold- und Lavendelthymian.

Tripmadam

Sie ist die Pflanze sonniger Steingärten und wächst in einem durchlässigen Erde-Sand-Boden. Sobald die Pflanze angewachsen ist, muss man nicht mehr gießen, denn in den dicken, saftigen Blättern speichert sie genügend Feuchtigkeit.

Vogelmiere

Sie wuchert üppig in Naturgärten, an Waldrändern, auf feuchten, schattigen Wiesen und an Uferböschungen. Die stark verästelten Stängel kriechen am Boden und bilden lockere, sattgrüne Bodendecker. Graben Sie auf Waldwiesen einige Pflänzchen aus, und geben Sie ihnen im Garten einen halbschattigen Platz mit nährstoffreicher Erde. Ernten Sie regelmäßig, sonst vermehrt sie sich unkontrolliert.

Wacholder

Am besten kauft man Setzlinge und pflanzt sie in große Kübel oder an einen trockenen Platz im Garten. Als Heidepflanze braucht Wacholder viel Sonne, sandigen, nährstoffarmen Boden und wenig Wasser. Die Früchte brauchen zwei bis drei Jahre zum Reifen, werden dabei kugelrund und blauschwarz. Am besten breitet man ein Tuch um den Busch und klopft die reifen Beeren mit einem Stock vorsichtig ab.

Waldmeister

Das zarte Frühlingskraut finden Sie ab Mai in schattigen Laub- und Mischwäldern. Die 10 bis 30 Zentimeter hohen Pflänzchen tragen um die vierkantigen Stängel sechs bis acht dunkelgrüne Blätter, die wie ein Stern regelmäßig angeordnet sind, und entwickeln kleine, weiße Blüten. Kräuterhexen verwenden Waldmeister nur vor der Blüte Ende Mai bis Anfang Juni. Falls im gepflückten Sträußchen doch ein paar Blüten sind, zupft man sie ab. Dass das Sträußchen erst welkt, damit sich Duft und Aroma entfalten, wie manchmal empfohlen wird, ist nicht notwendig: Zum richtigen Zeitpunkt vor der Blüte gepflückt, ist die Würzkraft von Waldmeister am stärksten.

Wermut

Die Pflanzen brauchen Platz, weil sie zu runden Büschen von mehr als 1 Meter heranwachsen. Sie lieben Sonne bis Halbschatten, eher trockene, kalkhaltige Böden und können im Frühjahr ganz zurückgeschnitten werden. Beim Gärtner oder über den Versand bekommen Sie verschiedene Sorten.

Ysop

Im Topf bleibt er klein und zierlich, im Beet kann er zu einem richtigen kleinen Strauch heranwachsen. Wichtig sind leichte, lockere Erde und viel Platz, denn er verträgt keine anderen Sträucher in unmittelbarer Nähe; im Kräuterbeet setzt man ihn deshalb ganz an den Rand. Ysop gibt es in verschiedenen Sorten beim Gärtner oder über den Versand.

Zitronenmelisse

Aus einem kräftigen Pflänzchen wächst ein schöner Busch, von dem Sie jahrelang regelmäßig ernten können. Zitronenmelisse braucht Sonne oder Halbschatten, im Blumentopf müssen Sie ihr allerdings jedes Jahr neue Erde geben. Die Pflänzchen Ihrer Wunschsorten bekommen Sie beim Gärtner oder über den Versand.

Wer Obstbäume pflanzen will, muss auf Wacholder verzichten, denn Äpfel und Birnen vertragen sich nicht mit ihm. Das gilt übrigens auch für das Obst in Nachbars Garten. Und weil Hexen keinerlei Schaden anrichten wollen, nehmen sie bei Planung und Pflanzung des Kräutergartens Rücksicht auf ihre Mitmenschen.

Die magischen Werkzeuge

Ein bisschen Hokuspokus muss auch bei uns weißmagischen Hexen sein. Eine jede von uns schwört dabei auf Ihre Grundausstattung, die sie im Hexenalltag zum Meditieren, Kochen, für Rituale und Zeremonien braucht. Unerlässlich sind das Schwert, der Zauberstab, der Hexenkessel, magische Duftöle, Räucherstäbchen, Kerzen und ein Talisman oder Amulett. Wer will, praktiziert zusätzlich mit Hexenhut und Kristallkugel.

Das A und O
in der Hexenküche

Jede Hexe braucht sie: Werkzeuge, Geräte und Utensilien, die zu Beschwörungen, Ritualen und Zeremonien verwendet werden. Zum Teil stellt man sie selbst her – Kräuterhexen überlassen das Binden des Kräuterbüschels gewiss niemand anderem. Einige magische Utensilien hat man gewöhnlich zu Hause, etwa Kerzen in allen Längen und Farben, wobei Hexen oft rote Kerzen nehmen, weil diese Farbe das Leben und die Liebe symbolisiert. Andere Geräte sollten Sie sich besorgen, vor allem wenn Sie häufig Rituale durchführen wollen oder Ihre Lieben zu Zeremonien einladen.

Alle Hexenwerkzeuge dienen dazu, die höchste Stufe der Konzentration zu erlangen.

Selbstverständlich sind magische Werkzeuge keine Erfolgsgarantie, denn in erster Linie kommt es auf Sie selbst an – auf Ihr Vertrauen in Ihre eigenen Hexenkünste und Ihren Glauben an die Wirksamkeit der Magie. Die Utensilien dienen dabei nur als Brennglas: Wie sich darin das Sonnenlicht bündelt, bis es zur Flamme wird, konzentrieren die Utensilien Ihre Kraft in Richtung auf das vorgestellte Ziel.

Ihr Altar sollte genug Platz bieten für Ihre magischen Utensilien, aber auch für Ihre kulinarischen Kräuterhexereien. Weißmagische Hexen bevorzugen einen Altar aus Weidenholz.

Alles was Sie zum Hexen brauchen, müssen Sie weihen. Das fördert Ihre Konzentration beim Arbeiten, hilft Ihnen bei der Entwicklung Ihrer geistigen Kräfte und hält Schäden von Ihnen und anderen Menschen fern.

Altar

Anfängerinnen in Sachen Hexenkunst können sich zunächst mit einem Tischchen behelfen. Wer sich regelmäßig mit Magie beschäftigt, besorgt sich einen Altar aus Weidenholz – in Weiden leben die guten Geister am liebsten, und Hexen setzen sich zum Meditieren am liebsten unter einen Weidenbaum. Das kommt nicht von ungefähr: Seit Urzeiten gilt der Weidenbaum als Schutz vor Übel, der stellvertetend Krankheiten aufnimmt, die Mensch und Tier treffen. Am Palmsonntag geweihte Weidenzweige – die Palmkätzchen – hängt man in die Wohnstube, damit sie vor Blitz, Unwetter und bösen Einflüssen bewahren.

Der Altar sollte so groß sein, dass Sie folgende magische Utensilien darauf stellen können: drei Kerzenständer, Wasserschalen, Räucherbecken, die Hexenpyramide, Aromaschalen, zwei irdene Schüsselchen für Wasser und Erde sowie einen Kerzenlöscher.

Natürlich ist der Altar auch der Arbeitstisch für kulinarische Kräuterhexereien – deshalb kommt der übliche Steinaltar nicht infrage, der zu schwer ist, um ihn zu tragen. Auf diesem Altar erledigen Sie die magischen

Handgriffe beim Kochen, für alle anderen genügt eine normale Arbeitsplatte; genaue Angaben dazu finden Sie im jeweiligen Rezept. Für die Kombination von Küchen- und Hexenkunst eignet sich ein edles Werkbrett aus Kirschbaumholz, das man auf jeden normalen Tisch legen kann. Es ist zwar nicht gerade billig, aber von erlesener Schönheit und genau richtig für Ihre Kräuterzaubereien.

Kräuterbusch

Er wird regelmäßig frisch gebunden – wie man einen Blumenstrauß zusammenstellt. Ob Sie die Kräuter in eine Vase stellen oder sie tatsächlich binden und an Ihrem Lieblingsplatz im Zimmer aufhängen, bleibt ganz Ihnen überlassen, aber Sie sollten die Zweige und Stängel stets im Blickfeld haben. Und bei Ihren Kräuterhexereien werden sie auf oder – wenn der Platz nicht reicht – neben den Altar gestellt.

Die Kombination der Kräuter richtet sich erstens nach der Jahreszeit, zweitens nach dem Ritual und drittens nach dem Ziel, das Sie im Auge haben. Manche Handlungen mit Kräutern sind allein schon so potent, dass es keines zusätzlichen Rituals mehr bedarf. Beim Liebesmahl z. B. sollten die Kräuter den Tischschmuck bilden.
Ein kleines Sträußchen mit Hexenkräutern und anderen wichtigen Pflanzen sollten Sie als Begleiter möglichst auch an Ihren Arbeitsplatz mitnehmen: Beifuß, Salbei, Johanniskraut und Petersilie. Dazu einen Farnwedel, eine Gerstenähre, einen Haselnusszweig und einen »Elfenhandschuh«, wie die Akelei auch genannt wird.

Die Pflanzen für Ihren Kräuterbusch wählen Sie danach aus, was Sie erreichen wollen.

Magische Pflanzen

- Farn: Die alten Kräuterheilkundigen wussten, dass die schönen Wedel vor Übel schützen; man legte sie den Wöchnerinnen ins Bett und dem Neugeborenen in die Wiege. In der christlichen Kunst ist Farn ein Zeichen der Demut – was uns Hexen daran erinnert, dass wir unsere magischen Kräfte nicht überschätzen sollten.
- Gerste: War das erste Getreide, das kultiviert wurde. Die Ägypter glaubten, dass die große Göttin Isis die Gerste entdeckte, den Menschen brachte und sie lehrte, daraus Brot zu backen und Bier zu brauen.
- Haselnuss: Die biegsamen Gerten, die niemals vom Blitz getroffen werden, schützen vor allen bösen Einflüssen.
- Akelei: Die Blumen mit dem dreifach geteilten Blatt sind das Attribut der wichtigsten Fruchtbarkeits- und Liebesgöttin: Freya hieß sie bei den germanischen Völkern, Aphrodite bei den Griechen, Venus bei den Römern.

Wer astrologische Zeichen in Kerzen oder Talismane schnitzen will, besorgt sich im Bastelladen ein Spezialmesser und weiht es vor dem ersten Gebrauch.

Statue der Göttin

Eine Statue symbolisiert die große Diana – Göttin der Wälder und des Mondes und Beschützerin der Schwachen. Ihr Name lässt sich aus Diviana ableiten und bedeutet »die Leuchtende«. Vor der Göttin stellen wir als Zeichen des Respekts eine Vase mit einer roten Rose, einem Zweig Beifuß und eine Weizenähre auf. Die Rose steht für die Liebe, Beifuß für Unversehrtheit und Gesundheit, der Weizen für Wiedergeburt.

Schwert

Da dieses Kriegsgerät nicht unbedingt leicht zu beschaffen ist, behelfen sich moderne Hexen mit einem scharfen Küchenmesser, zumal sich damit auch alle Kräuterhexereien viel leichter erledigen lassen. Für magische Rituale, die notwendige Trennungen und das Loslassen überholter Gewohnheiten unterstützen, nimmt man dieses Messer ebenfalls. Und wir Hexen verfügen über genügend Phantasie und Kraft, um unser Küchenutensil zeitweise in Excalibur zu verwandeln.

Kelch

In ihm birgt die Hexe während eines Rituals symbolisch ihre Wünsche und Gedanken. Der Kelch wird mit einer Flüssigkeit gefüllt, denn die Spiegelung ist sehr wichtig: erstens wegen der Konzentration – wir alle wissen, dass eine spiegelnde Wasserfläche zum Meditieren anregt -, zweitens dient die Spiegelung der Distanz – wer sich im Spiegel sehen kann, empfindet sich als Gegenüber und verliert sich nicht in der Traumwelt des eigenen Ich.
Welche Flüssigkeit Sie wählen, richtet sich nach dem Ritual – beim Sammeln der Gedanken kann es einfach Wasser sein, beim Kochen bietet sich Gemüsebrühe an, die sich während des Rituals mit Ihrer Kraft anreichert und dem Essen zugute kommt. Beim Liebesritual nehmen Sie Wein, den Sie gemeinsam mit Ihrem Liebsten trinken – wer keinen Alkohol mag, ersetzt den Wein durch Saft.
Eine Regel müssen Sie jedoch streng beachten: Gießen Sie die Flüssigkeit keinesfalls einfach weg, denn damit verschwenden Sie wertvolle Energien. Haben Sie Wasser gewählt, »füttern« Sie damit Ihre Hexenkräuter in Beet, Balkonkasten und Blumentopf.

Schüsselchen für Wasser und Erde

Diese Schüsselchen sind für magische Rituale unentbehrlich, weil sie uns Hexen bei allen zauberischen Höhenflügen fest auf der Erde verankern. Die eine Schale aus Keramik oder Porzellan füllen Sie mit reinem Quellwasser oder Osterwasser (siehe Seite 77), die andere mit magischer Erde: Ein Teil Waldbodenerde wird mit einem Teil Asche vom Osterfeuer und einem Teil Asche vom Sonnwendfeuer gemischt.
Diese Erde sollten Sie spätestens alle zwei Jahre erneuern, damit ihre Kraft nicht nachlässt. Die »alte« Erde kommt Ihren Kräutern zugute: Bei zunehmendem Mond in einen Ton-Blumentopf geben, ein junges Salbeipflänzchen einsetzen, gut wässern und bis zur nächsten Mondphase darin wachsen lassen. Dann mitsamt der Erde ins Gartenbeet setzen – entweder im eigenen Garten oder in den von guten Freunden. Für den Blumentopf oder Balkonkasten ist die Pflanze nicht geeignet, denn sie speichert gewöhnlich zu viel Kraft.

Zauberstab

Nicht alle Hexen brauchen ihn, doch viele schwören darauf: Oft aus Weidenholz gefertigt und in Esoterikläden zu kaufen, dient er generell zum Anrufen der Göttin. Er sollte wenigstens 30 Zentimeter, aber nicht über einen Meter lang sein. Je nach Hexe können auch persönliche Symbole eingeschnitzt sein. Sie können sich für den Anfang auch eine Weidenrute am Bach oder eine Haselnussgerte aus dem Garten holen. Von vielen Kräuterhexen erprobt und für gut befunden sind Holunderzweige, die man am Johannistag (24. Juni), oder lange Beifußstängel, die man an einer Wegkreuzung geschnitten hat. Wer sich den weisen Frauen der Indios und Indianer verbunden fühlt, zaubert mit einem Maiskolben, denn für die Ureinwohner Mittelamerikas war der Mais untrennbar mit dem Schöpfungsprozess verbunden.
Bei Liebesritualen empfiehlt sich ein blühender Apfelzweig, für Erfolgszauber ein schöner, frischer Lorbeerzweig. Ein Ritual für mehr Wissen und tiefe Erkenntnis gelingt am besten mit einem Papyrusstängel: In Ägypten wurden Papyrusblätter mit magischen Schriftzeichen versehen und als Amulette verwendet.

Kerzen

Kerzenlicht stimuliert das Unbewusste, deshalb ist es bei allen Ritualen schlichtweg unverzichtbar. Kerzen sollten Sie in allen Formen und Farben verwenden – kleine Windlichter und große Leuchterkerzen, edle Bienenwachs- und einfache Haushaltskerzen. Manche Hexen empfehlen nur weiße und rote Kerzen; ich rate Kräuterhexen auch zu grünen als Sinnbild für Wachstum, blauen für geistige Höhenflüge, goldgelben für Harmonie und zu violetten: Diese Farbe zwischen rot und blau stellt Mäßigung und Gleichgewicht dar – als Mahnung an alle, die sich mit Magie beschäftigen, nichts zu übertreiben.

Steine, Mineralien, Metalle

Sie alle speichern die eigenen energetischen Schwingungen, bündeln oder bewahren kosmische Energien, behüten die Gesundheit und unterstützen Ihre Sehnsucht nach Glück, Freude und Wohlstand. Hexen können selbstverständlich auch edle Materialien wie Edelsteine, Gold und Silber aus ihrem Schmuckkasten nehmen – vor allem in einer Gruppe fördert dies Erfolgs- und Liebeszaubereien.

Magische Öle

Man benutzt sie häufig zum Ölen der Ritualkerzen, nimmt sie aber auch als Aphrodisiaka und Meditationshilfen. Es gibt zahlreiche Öle in allen möglichen Aromarichtungen, je nach Vorliebe und geplanter Anwendung. Für bestimmte Zwecke stellt man sie sich jedoch besser selbst zusammen und mischt sie mit fertigem Öl aus Apotheke, Esoterik- oder Naturkostladen. Achten Sie bei Kräuter- oder Duftölen unbedingt darauf, dass es keine synthetischen Öle sind, denn nur echte Essenzen besitzen eine tatsächliche magische Wirkung.
Je sorgfältiger Sie das Öl für den jeweiligen Zweck aussuchen und zubereiten, umso stärkere Wirkung wird das Öl beim durchgeführten Ritual entfalten.

Gehen Sie mit Duftölen eher sparsam um und nicht nach dem Motto: »Viel hilft viel«. Am besten entfalten die Öle ihre Wirkung in einer Aromalampe.

Die Statue auf Ihrem Altar symbolisiert die große Göttin Diana, der Sie Respekt und Anerkennung mit einer roten Rose, einem Zweig Beifuß und einer Weizenähre zollen sollten.

Räucherstäbchen

Die Stäbchen bekommen Sie in vielen Variationen und Duftnoten. Sie sind ganz problemlos zu verwenden und eignen sich für junge Hexen mit wenig Erfahrung in der Kräuterräucherei.

Räucherbecken oder -schale

Initiierte Hexen verwenden Räuchergefäße aus Keramik, Messing oder Kupfer und dazu Räucherkohle und Räuchermischungen, die Sie fertig kaufen oder selber mischen können. Für die Räucherung entzünden Sie die Kohle, legen sie ins Becken oder in die Schale und lassen sie richtig durchglühen. In die Vertiefung der glühenden Kohlekegel geben Sie dann etwa 1/2 Teelöffel Räucherwerk. Nach der Räucherung müssen Sie den Raum gut lüften, damit Sie nach der Versenkung in Ihr Innerstes wieder mit der Außenwelt in Kontakt kommen.

Alle Räucherutensilien sind für Rituale, Zeremonien und Konzentrationsübungen wichtig, mit Kräuterräucherungen reinigt man auch Häuser und Räume. Ein bekanntes Reinigungsritual ist die Räucherung mit Wacholder, und nicht umsonst hat man früher sogar Krankenzimmer damit desinfiziert.

Wasserkessel

Mit dem Wasser- oder Hexenkessel ist das so eine Sache: Sie sollten regelrecht darauf zulaufen und dabei das Gefühl haben, »das ist er«. Er sollte in jedem Fall zum Kochen geeignet sein, denn Sie möchten darin bestimmt das eine oder andere Liebessüppchen brodeln lassen.
In erster Linie dient der Wasserkessel, gefüllt mit dem Lebenselement Wasser, zum Wahrsagen, für Trance- und Meditationsübungen und wird damit zum magischen Spiegel. Weißmagische Hexen sammeln darin aber auch Kräuter, bewahren Steine darin auf oder nehmen ihn zum Reinigen der Hände vor einem großen Ritual. Ob Ihr Kessel nun aus Edelstahl, Aluminium oder Kupfer ist, spielt keine Rolle, nur eines ist absolute Pflicht: Er muss stets blitzeblank sein.

Die Zeichen der Planeten-Götter

- Saturn: Nach babylonischer Auffassung ist er der Gott der Fluren, der den Ackerbau schützt. Kräuterhexen sehen in ihm den König der Pflanzenwelt, der das männliche Prinzip mit dem weiblichen verknüpft, das durch die altägyptische Göttermutter Isis symbolisiert wird. Sein Zeichen hilft bei Erfolgsritualen in schwierigen Situationen.
- Diana: Die große Göttin, auch Artemis genannt, war bei den Völkern der Antike für ihre militante Jungfräulichkeit bekannt: Jeder Mann, der sich ihr in eindeutiger Absicht näherte, bezahlte dafür mit dem Leben. Moderne Hexen haben sie zur Schutzgöttin erwählt, weil sie als Mondin die Urkräfte des Weiblichen verkörpert. Kräuterhexen fühlen sich ihr verbunden, denn die »Artemisia«-Gewächse Beifuß, Estragon und Wermut zählen zu den wichtigen Frauenkräutern. Ihr Zeichen fördert die weibliche Intuition.
- Jupiter: Als Göttervater haben ihn die Römer verehrt und ihm immer wieder recht menschliche Eigenschaften unterschoben: Bekanntlich gehörte er zu den größten Schürzenjägern. Kräuterhexen gehen noch weiter zurück in die Zeit und verehren ihn am Firmament als mächtigen Planeten: Den alten Völkern am Euphrat galt er als König und Priester, Sinnbild der Macht, die sich mit Weisheit paart. Jupiter schenkte den Menschen den Weizen, sorgte für Wohlstand und Fruchtbarkeit. Sein Zeichen unterstützt Entspannungsrituale, die Gesundheit und Wohlbefinden fördern.
- Merkur: Als Schutzgott der Wahrsager, Zauberer und Schamanen symbolisiert er die Inspiration und ist allen gewogen, die hinter den Schleier des Alltäglichen sehen wollen. Merkur kennt Geheimnisse, Beschwörungen und Orakel, er schickt uns weissagende Träume. Kräuterhexen verehren ihn im Mai als den guten Magier, der sich mit der Erdmutter Ceres verbündet und die Pflanzenwelt zum Sprießen bringt. Sein Zeichen dient der Meditation, aus der wir innere Kräfte schöpfen.

Mörser

Er sollte so stabil sein, dass Sie außer Kräutern auch andere magische Lebensmittel darin zerkleinern können: Nüsse, Samen, Obstkerne, exotische Gewürze und sogar magische Steinchen. Für Kräuterhexen ideal sind Mörser aus Porzellan, Steingut oder edlem Marmor.

Hexenpyramide

Man kann sie kaufen oder selbst herstellen: Die Pyramide als Symbol verborgener Kräfte sollte etwa 30 Zentimeter messen und aus weißem oder blauem Karton bestehen. Auf die vier Seiten zeichnen Sie – am besten in einer Vollmondnacht um Mitternacht – mit blauem oder rotem Stift die Namen und Symbole von Saturn, Diana, Jupiter und Merkur. Was die Zeichen der Planeten-Götter genau bedeuten und wofür sie hilfreich sind, finden Sie in dem großen Kasten auf Seite 70 unten.

Hexenhut

Viele moderne Hexen verzichten darauf, sobald sie die höchste Stufe der Konzentration erreicht haben. Anfängerinnen hilft er bei Ritualen, Reinigungen und Meditationsübungen, denn der hohe Hut fördert Konzentration und Intuition. Sie können ihn beschriften wie die Hexenpyramide – das verstärkt seine segensreiche Wirkung und schenkt jungen Hexen kreative Schübe.

Amulette und Talismane

Jede Hexe hat ihren eigenen Talisman, der ihr Glück, Erfolg und Stärke bringt. Oft hat man ihn gefunden oder geschenkt bekommen – nicht unbedingt von einer Freundin, sondern von einem hilfreichen Tier – eine Pfauenfeder vielleicht. Oder man erkennt seine Totempflanze und bittet sie um eine Frucht. Amulette bewahren vor Schaden, Talismane transportieren Energie und speichern sie, wenn es einem selbst daran mangelt. Sie geben Inspiration, wenn man in einem geistigen Tief steckt, und spenden Trost, wenn man ängstlich, traurig oder gar verzweifelt ist. Der Talisman sollte Sie begleiten, das Amulett können Sie in schwierigen Lebensphasen zum Schutz tragen.

Kristallkugel

Für Hexen, die sich auf Kräuter spezialisiert haben, ist sie entbehrlich, denn Wahrsagen, Zukunftsschau und Schadensabwehr beherrschen ohnehin nur wenige Eingeweihte. Und diese Frauen machen es gewöhnlich wie die Pythia in der antiken Orakelstadt Delphi: Sie lesen die Zeichen der Zukunft aus dem Rauch, vorzugsweise aus getrockneten Kräutern, die in der Räucherschale sanft verbrennen.

Jede Hexe schwört auf Ihre magischen Werkzeuge, die aber nicht für jede zwingend sind.

Hexen-Drink

Die spirituelle Energie zu wecken, gelingt erfahrenen Hexen mühelos. »Jungen« Hexen dagegen tut ein Inspirationsdrink gut: Mischen Sie eine Tasse heißen Pfefferminztee mit je einer guten Messerspitze Cayennepfeffer, gemahlenem Kardamom, Vanillepulver und Macis. Alle diese Gewürze wecken die innere Hitze und stimulieren Ihre geistigen Kräfte.

Amulette und Talismane schützen und bewahren den Besitzer nicht nur vor magischen Einflüssen, sondern bringen Glück, Ehre und Besitz.

Die Feste der Kräuterhexe

Wir weißen Hexen sind keine Kinder der Traurigkeit und feiern die Feste am liebsten, wie sie fallen. Im Laufe des Jahres gibt es einige Höhepunkte, die ganz besonders zelebriert werden und die keine Kräuterhexe vergisst. Am bekanntesten ist sicherlich die »Nacht der wilden Hexen«, die Walpurgisnacht. Aber auch der Frühlingsanfang, die eingebrachte Kräuterernte und das Ausklingen des Jahres sind für uns Anlässe zum Feiern.

Feiertage
im Hexenkalender

Weil wir unseren eigenen weiblichen Zyklus kennen, spielt die Zeit eine so große Rolle für uns Frauen: Das erste Drittel unseres Lebens ist der Zukunft gewidmet. Wir wollen erwachsen werden, sehnen uns nach dem Liebsten, nach Schwangerschaft und der Geburt unseres Kindes. Das zweite Drittel leben wir die Gegenwart: Wir sorgen für unsere Lieben oder machen Karriere – viele von uns schaffen beides. Im dritten Drittel begleiten wir das Wachsen und Werden unserer Kinder und Enkel und genießen die Früchte unserer Arbeit.

Bereits vor Weihnachten bereiten Sie das Orakelritual vor, mit dem Sie in der Silvesternacht in die Zukunft schauen können.

Abergläubische fürchten sich vor der Wilden Jagd: Es heißt ja, dass der Germanengott Wotan durch die Nacht rast, begleitet von einem dämonischen Heer aus Geistern, Untoten, boshaften Verstorbenen und ungetauften Kindern. Sie alle wollen den Menschen Übles. Aber weshalb eigentlich? – das fragen sich manche Kräuterhexen und setzen sich an ihren Zaubertisch mit Kelch und Zauberstab. Warum meinen wir denn immer, dass die andere Welt uns schrecken will? Ist es nicht im Gegenteil sehr gut, dass wir in Gedanken dorthin reisen dürfen? Dass wir unseren engen Horizont erweitern und Ungewohntes erfahren können? Ein Blick hinter den Schleier des Alltags hat noch niemandem geschadet.

Kräuterhexen nutzen also die Zeit zwischen den Jahren für Zukunftspläne – die eigenen und die unserer liebsten Menschen. Denn die »Zwölf« sind Orakeltage – die Hochzeit von uns weißmagischen Hexen, die ihre Kenntnisse geheimer Zeichen gerne mitteilen.

Kräuterfeste im Jahreslauf

Wenn das Jahr beginnt, stecken wir mitten in den Raunächten. Es sind die »Zwölf« – geweihte und zugleich unheilige Nächte, noch älter als der alte Mondkalender und seit Urzeiten das Zeittor zur anderen Welt. Scheinbar steht die Sonne still, und an bestimmten Tagen zwischen Weihnachten und Dreikönig weckt das diffuse Licht tatsächlich den Eindruck, als habe eine riesige Hand die Sonne und damit auch die Zeit angehalten.

Vorbereitung zum Orakelritual

Sie müssen es schon vor Weihnachten vorbereiten, damit die Pflanzen bis dahin wachsen und Ihnen die Zukunft erzählen können. Wählen Sie dazu die Wintersonnenwende am 21. Dezember. Bereits am Nachmittag weichen Sie in getrennten Schälchen jeweils 1 Esslöffel Hafer-, Weizen- und Gerstenkörner sowie 1 Esslöffel

Linsen in lauwarmem Wasser ein. Abends führen Sie das eigentliche Ritual durch: Auf den Altar stellen Sie eine große, weite Schale mit Blumenerde und zwei weißen Kerzen rechts und links davon als Symbole der Reinigung. Bestreichen Sie die Kerzen mit dem ätherischen Öl von Majoran, das die Kräfte Ihres Kopfes und Ihres Herzens zusammenfügt, also Ihr Denken und Ihr Fühlen vereint.
Mit dem Zauberstab weihen Sie nun die Erde – am besten nehmen Sie einen Mistelzweig, der Liebe und Freundschaft bedeutet. Markieren Sie mit zwei langen roten Fäden vier Segmente auf der Erde. In ein Segment säen Sie 1 Teelöffelchen Senfsamen. In die nächsten geben Sie nacheinander die Körner und die Linsen. Nun wässern Sie die Saat sanft mit warmem Wasser und gießen sie jeden Tag wie Ihre Zimmerpflanzen – nicht zu viel und nicht zu wenig. Die Schale sollte an einem hellen, luftigen Platz stehen und nicht verschoben werden. Sobald sich die ersten Blättchen zeigen, werden sie von Zeit zu Zeit mit einem Wasserzerstäuber besprüht.

Das Orakelritual

Das eigentliche Orakelritual führen Sie dann in der Silvesternacht, also am 31. Dezember durch: Bedecken Sie den Altar mit einem roten Tuch als Zeichen der Freude. Die Schale platzieren Sie in der Mitte, umgeben von vier roten Kerzen für die Jahreszeiten, die Sie zu Beginn des Rituals entzünden. Brennen Sie nun drei Wunderkerzen ab, und denken Sie dabei an das vergangene Jahr – was es Ihnen an Freude, neuen Erkenntnissen und schönen Begegnungen mit anderen Menschen geschenkt hat.
Betrachten Sie jetzt die Saat genau: Ein schöner, grüner Rasen verspricht ein ruhiges und harmonisches Jahr. Sprießt der Weizen kräftig, verheißt das viel Gesundheit. Steht der Senf in vollem Blatt, können Sie mit einer neuen Liebe rechnen. Sattes Hafergrün deutet auf Frauenpower hin – vielleicht machen Sie sich beruflich selbstständig oder klären in der Partnerschaft ein paar Probleme. Sind die Linsen schön durchgegrünt, werden vermutlich auch keine Geldsorgen auftreten. Und üppiges Gerstengras steht für reichlich Kreativität in allen Lebensbereichen. Das Ritual beenden Sie mit einem Gläschen Sekt oder Champagner, das Sie zu Ehren der Göttin leeren.

Frau Holles Fest

Bei den germanischen Völkern hoch im Norden hieß sie Hlodyn, die Göttin der Fruchtbarkeit und Bewacherin der Erde, bis diese reif und warm genug für den neuen Samen war.
Frau Holle (siehe auch Seite 91) hat ihren Kräutertag am 9. Januar, wenn es draußen noch klirrend kalt ist oder richtig dicke Schneeflocken vom Himmel rieseln, weil sie ordentlich die Kissen ausschüttelt. Ihr zu Ehren backen wir einen grünen Kuchen, was zur kalten Jahreszeit nicht eben einfach ist; das Rezept finden Sie auf Seite 132. Genießen Sie den Kuchen im Kreis Ihrer besten Freunde oder der Familie.

Kerzen spielen in der weißen Magie eine große Rolle. Kerzenlicht stimuliert das Unbewusste, fördert die Konzentration und sorgt für eine stimmungsvolle Atmosphäre. Besorgen Sie sich Kerzen in verschiedenen Farben, denn mit Farben sind bestimmte Sinnbilder verknüpft.

In Licht und Liebe

Der Februar hält für uns Kräuterhexen zwei wichtige Tage bereit: Lichtmess, ein Tag nur für uns Frauen, und Valentin, den beide Geschlechter feiern.

Beginnen wir mit den Frauen: Feiern zu Lichtmess am 2. Februar sind uralt – Reinigungsopfer, die eine Frau nach der Geburt ihres Kindes dargebracht hat. Verbreitet haben sich diese Rituale schon im 8. Jahrhundert von Rom aus über Frankreich nach Mitteleuropa. Vorläufer war eine antike Lichterprozession, veranstaltet von den Frauen Roms, die jedes Jahr mit Fackeln und Lichtern durch die Stadt zogen, um an den Raub der Persephone durch Hades, den Herrscher der Unterwelt, zu erinnern. Denn Persephones Mutter Demeter hatte die Tochter verzweifelt gesucht, bis sie endlich den Höllenfürsten als den üblen Kidnapper entdeckt hatte. Später widmeten christliche Männer dann das heidnische Frauenfest der Muttergottes und ließen die Riten so ändern, wie sie heute in der Kirche gefeiert werden: Die Gläubigen versammeln sich auf dem Kirchplatz, wo der Priester die mitgebrachten Kerzen weiht. Dann entzündet man eine nach der anderen und zieht damit gemeinsam als Lichterprozession in die Kirche – der düstere, kalte Februarabend gewinnt mit einem Mal an Glanz und Wärme.
Kräuterhexen denken natürlich an das alte Fest, das sie gemeinsam mit ihren Freundinnen begehen und für das sie nach alter Tradition kochen: Sonnenküchlein aus dem Schmalz (siehe Seite 133) und vitaminreiche Lichtnahrung (siehe Seite 134), die wir gegen Ende des Winters so dringend brauchen.

Gut für Ostaras Duftwasser eignen sich die ätherischen Öle von Melisse, Narzisse oder Magnolie. Denn all diese Öle betonen die Herznote und schaffen mit ihrer blumigen Würze emotionale Harmonie.

Tag der Liebenden

Zu Valentin ist viel erlaubt, und Frauen dürfen ihre Wünsche ruhig zeigen. Der Valentinstag ist zu einem Geschenketag der Liebenden geworden. Laden Sie am 14. Februar also Ihren Liebsten ein, und teilen Sie die Liebestorte (siehe Seite 135) genüsslich mit ihm. Falls Sie sich noch auf der »Jagd« befinden, holen Sie sich Ihren Erwählten nach Hause, und feiern Sie Ihr Liebesfest mit Tee und Torte, wahlweise auch mit Sekt und Mohnbrötchen (siehe Seite 136). Sie trauen sich nicht? Nun, dann laden Sie noch ein paar Freunde dazu ein und lassen Valentin gemeinsam hochleben.

Ostara lässt grüßen

Das erste große Fest im Frühling widmen wir der Göttin der Morgenröte: Eos heißt sie bei den Griechen, und sie begleitet den Sonnengott Helios auf seinem Weg über das Firmament. Eostre nannten sie die Völker des Nordens, und irgendwann wurde sie dann zur strahlenden Frühlingsgöttin Ostara, die Fruchtbarkeit symbolisiert und auf Bildern häufig mit dem Hasen als Gefährten auftritt. Dreimal dürfen Sie raten, weshalb Meister Lampe nicht nur für die österlichen Eier verantwortlich zeichnet. Wir Kräuterhexen widmen der strahlenden jungen Göttin einen Brunch und Duftwässerchen: Heidnisch oder nicht – Ostaras Liebreiz verlangt einfach nach der Köstlichkeit und dem Wohlgeruch, die die ersten Kräuter und Blumen uns im Frühling schenken.

Farben spielen in der Magie generell eine große Rolle. Grün, Rot, Gelb und Weiß stehen beim Osterfest für Leben, Wärme, Licht und den Sieg über den Tod.

Ostaras Wasser

Hexen, die den Ostertag nach alter Tradition feiern wollen, gehen vor dem Brunch mit zwei oder drei Freundinnen Osterwasser holen: Planen Sie gemeinsam eine Wanderung am Ostermorgen zu einem Bach. Sie müssen noch vor Sonnenaufgang losziehen und nüchtern sein – dann macht der opulente Brunch danach umso mehr Spaß. Während Ihrer Wanderung schweigen Sie und denken an Wasser als Lebenselixier.

Am Ziel angekommen, füllen Sie die mitgebrachte Flasche mit Wasser aus dem Bach, verschließen sie sorgfältig und bringen das Wasser nach Hause – ebenfalls möglichst schweigend. Nun weihen Sie es auf Ihrem Altar – das Ritual haben Sie wie Ihre Wanderung gemeinsam festgelegt -, mischen es mit dem Duft von Frühlingsblumen und versprühen es zum Brunch im Frühstückszimmer.

Ostaras Fest

Gerade Farben spielen beim Osterfest eine große Rolle und besitzen enorme Symbolkraft: Grün und Rot kennzeichnen Leben und Wärme des beginnenden Jahres, Weiß ist das blendende Licht der Auferstehung, golden der Sieg über den Tod.

Schmücken Sie den festlich gedeckten Tisch mit einem Schälchen von grünem Weizengras, das Sie selbst ausgesät haben, gelben Osterglocken, roten Rosen und weißgelben Narzissen. Diese österlichen Farben wiederholen Sie in den Gerichten, die Sie servieren: Zum Brunch im Kreise Ihrer Liebsten gibt es gelben Eiersalat, grünen Kräuterquark, goldene Safranbrötchen mit roter Erdbeerkonfitüre und als krönenden Abschluss weißes Vanilleflammeri mit grünem Rhabarber-Melisse-Kompott. Sämtliche Rezepte zu diesen köstlichen Gerichten finden Sie ab Seite 132.

Wenn die ersten Osterglocken blühen, ist es an der Zeit, der Frühlingsgöttin Ostara zu Ehren ein Fest zu geben.

Nach dem Volksglauben kommen die Hexen in der Walpurgisnacht vom 30. April auf den 1. Mai auf dem Blocksberg (Brocken) zusammen.

Das Fest der wilden Hexen

Das nächste große Fest im Kalender der Kräuterhexe ist die Walpurgisnacht zum 1. Mai, der lange vor dem »Tag der Arbeit« ein weiblicher Tag war, denn der Wonnemonat mit den lauen Lüften und dem Erwachen der Natur weckt unsere Sinnlichkeit – die göttliche Maifrau hatte sich ihren Mann erwählt, und die beiden feierten mit Maibaum und Kränzlein. Wir Hexen tun es ihnen gleich und ziehen mit Freunden hinaus ins Grüne. In dieser Nacht, die wir mit Gesang und Tanz verbringen, vielleicht auch mit dem ersten Grillfest des Jahres, jedenfalls aber mit gutem Essen und Trinken (Rezepte ab Seite 132), küren wir auch unser Mai-Königspaar in Gedenken an die himmlische Hochzeit zwischen der schönen Maia und dem Gott des Feuers, der schon die Glut des Sommers ankündigt.

Vor Sonnenaufgang oder in der Morgendämmerung binden wir dann Kränze aus blühenden Weißdorn- und Apfelbaumzweigen, Schlüsselblumen und Wildrosen, Glockenblumen, Veilchen und Federnelken. Leider darf man die meisten dieser Frühlingsblumen nicht mehr in der freien Natur sammeln, doch vielleicht haben Sie die Pflanzen ja im eigenen Garten, oder Sie haben sie gemeinsam im Blumenladen besorgt.
Mit den Kränzen schmücken wir unsere Haustüren. Oder wir basteln uns einen Maibaum – nicht so mächtig wie er auf Dorfplätzen und Städten errichtet wird, sondern ein bunt geschmücktes Bäumchen: Als »Stamm« eignet sich zum Beispiel ein Stützpfosten für frisch gepflanzte Obstbäume aus dem Baumarkt. Er wird mit Efeuzweigen und buntem Krepppapier umwunden, mit Bändern, geflochtenen Blumengirlanden und Fähnchen geschmückt und im Garten aufgestellt. Am frühen Abend des 1. Mai lassen Sie dort beim Maibaum Ihr Mai-Königspaar hochleben – mit spritziger Maibowle und ein paar feinen Häppchen.

Das große Kräuterfest

Für die meisten Pflanzen ist der August der beste »Erntemonat«, denn ihre Heilkraft richtet sich nach der Vegetationszeit: ganze Pflanzen wirken am besten zu Beginn der Blütezeit, Blätter sammelt man jung, aber voll ent-

Zum großen Kräuterfest Mitte August bindet jede Kräuterhexe ihren individuellen Kräuterstrauß, in dem die ganze Kraft der Natur sichtbar wird.

faltet, Blüten sollten bereits geöffnet, doch jung und frisch, Früchte und Samen müssen vollreif sein.

Am 15. August feiern Kräuterhexen auch ihr schönstes Fest und widmen es der Muttergottes – viele nicht aus christlich-religiöser Überzeugung, sondern weil die Mutter Jesu einfach eine starke Frau war, die schreckliches Leid erdulden musste, ohne daran zu zerbrechen.

Der Kräuterstrauß

In katholischen Pfarrgemeinden gehen die Frauen am Ehrentag ihrer Schutzpatronin morgens Kräuter sammeln. Nach alter Überlieferung müssen 77 verschiedene Pflanzen zur Weihe getragen werden, denn zweimal die Sieben ist eine magische Zahl. Diese Menge schaffen aber auch versierte Kräuterhexen unmöglich, denn eine ganze Reihe dieser Traditionspflanzen sind einfach zu selten geworden und/oder stehen unter Naturschutz.

Trotzdem wird ein stolzes Kräuterbündel zusammenkommen, wenn Sie der Tradition gemäß Wildkräuter und Wiesenblumen kombinieren: Beifuß, Schafgarbe, Feldklee, Rainfarn, Eberraute, Spitzwegerich, Wermut, Hundskamille, Baldrian, Ringelblume, Wegwarte, Bergthymian, Melisse, Jakobsleiter, Bertram, Beinwell, Mohn, Frauenmantel, Schwalbenwurz, Schildkraut und Teufelswurz. Im eigenen Kräuterbeet pflücken Sie Minze, Rosmarin, Borretsch, Salbei, Ysop und Lavendel. Alle Kräuter sind Bestandteil der Volksheilkunde, und viele gehören überdies zur Hildegard-Medizin. Holen Sie noch Ähren von Hafer, Gerste, Dinkel, Weizen und Roggen von den Feldern, die Sie mit den Zweigen von Holunder, Haselnuss und Himbeere ergänzen.

Kräuterhexen mit viel Geschick binden das Kräuterbüschel wie ein Biedermeiersträußchen, und ein Kranz von Weißkohlblättern umgibt die Wiesen- und Gartenblumen. Oder sie umkränzen eine stolze Königskerze mit den Kräutern. Andere arrangieren die Blumen und Kräuter, Ähren und Zweige wunderschön in großen Körben.

Wenn Sie Ihr Kräuterfest in christlicher Tradition begehen wollen, nehmen Sie an der Prozession durch Dorf und Felder teil, bringen Ihr Kunstwerk in die Kirche und legen es vor dem Altar oder dem Bild der Muttergottes nieder, wo der Priester die Pflanzen weiht. Zu Hause stellen Sie den Strauß beim gemeinsamen Mittagessen in die Mitte des Tisches. Viele Frauen schmücken auch das Bild eines lieben Verstorbenen mit dem Kräutersträußchen.

Nach alter Überzeugung haben sich Heil und Segen durch die Weihe dreifach verstärkt, und so verbrennen Bäuerinnen bei schweren Gewittern eine Hand voll der Kräuter im Kachelofen. Kräuterhexen trinken den Tee der geweihten Kräuter, wenn eine Erkältung naht oder eine Stressphase die seelische und körperliche Energie lähmt. Und in den Raunächten zwischen den Jahren legen manche Menschen die geweihten Pflanzen auch unters Kopfkissen, damit die Wilde Jagd vorbeizieht – man kann ja nie wissen …

Einfach zauberhaft: ein von Hexenhand arrangierter Kräuterstrauß in einem Weidenkorb.

Am Barbaratag haben Sie vier Wünsche frei, die Sie auf verschiedenfarbiges Papier schreiben sollten. Laden Sie zu dem Ritual eine Freundin ein.

Im Winter geschnittene Obstbaumzweige werden mit innigen Wünschen versehen, dann lässt man sie im Warmen austreiben.

Vorbereitung zum Winterritual

Das Ritual beginnen Sie am 25. November, dem Tag Katharinas von Alexandria, und setzen es fort am Barbaratag, dem 4. Dezember. Beide Frauen gelten zwar als christliche Heilige, gehören aber eigentlich zur heidnischen Tradition der starken Frauen. Die heilige Katharina von Alexandria ist eine legendäre Märtyrerin, die Anfang des 4. Jahrhunderts lebte.

Katharina, eine junge, schöne Prinzessin aus Zypern, fiel am römischen Kaiserhof durch Intelligenz und Bildung auf, was sie schließlich auch das Leben kostete, denn sie liebte philosophische und theologische Dispute und soll eine ganze Reihe ihrer Gesprächspartner für das Christentum eingenommen und zur neuen Religion bekehrt haben. Das aber missfiel Maxentius, der 306 von der Prätorianergarde zum Kaiser erhoben worden war: Er versuchte zunächst, Katharina zu blamieren, indem er sie in einen rhetorischen Wettstreit mit 50 seiner besten Philosophen schickte. Doch die gelehrten Männer unterlagen – Katharinas Argumente für die Wahrheit des Christentums konnten sie nicht widerlegen. Als sie sich nun auch noch standhaft weigerte, den Göttern zu opfern, an die sie nicht glaubte, ließ der erboste Kaiser sie foltern und hinrichten.

Als Patronin der Philosophen, Theologen und Universitäten wird Katharina deshalb von allen Frauen verehrt, die sich ihrer geistigen Gaben bedienen. Sie gilt als Patronin der Philosophen. Am Katharinatag wird das Vieh zum letzten Mal auf die Weide gelassen, danach beginnen die ersten Adventsfestlichkeiten.

Vier Wünsche

Der mutigen jungen Barbara (siehe Kasten Seite 81) wollen wir die Zweige widmen, die wir an diesem Tag von draußen holen, in verschiedene Gefäße mit Wasser und – ganz wichtig – alle in dasselbe Zimmer stellen: nicht zu warm und nicht eiskalt, hell und luftig soll es

sein. Und noch etwas: Backen und kochen Sie zur richtigen Zeit im kommenden Jahr mit den Früchten der Bäume, die Ihnen im Winter so prachtvolle Blüten geschenkt haben. Für das Ritual gehen Sie mit Ihrer Freundin in den Garten und schneiden je einen Zweig von Obstbäumen – wichtig sind die Zweige von süßen Kirschen, saftigen Äpfeln, weichen Birnen und herben Quitten. Tragen Sie die Zweige nach Hause, und stellen Sie sie sofort in verschiedene Gefäße mit kaltem Quellwasser.
Bereiten Sie nun den Altar vor: In die Mitte kommt eine dicke blaue Kerze – für geistige Schau –, die Sie auch zuerst entzünden. Rechts von der Kerze platzieren Sie jetzt die Vase mit dem Kirsch- und Apfelzweig, links davon die Gefäße mit Birne und Quitte.
Fassen Sie sich nun an den Händen, und visualisieren Sie vier starke Wünsche, die Sie mit den Zweigen vor sich verbinden. Am besten schließen Sie dabei die Augen und verharren schweigend etwa fünf Minuten. Dann schreiben Sie Ihre Wünsche entsprechend den Zweigen auf je ein rotes, weißes, grünes und gelbes Blatt Papier: Rot steht für den Wunsch, den Sie mit der Kirsche verbunden haben, Weiß für den Apfel, Grün für die Birne und Gelb für die Quitte. Beenden Sie das Ritual mit grünem Tee, den Sie eventuell mit einigen Spritzern Orangenlikör oder guten weißen Rum aromatisieren.

Der Barbaratag

Am Barbaratag kommt Ihre Freundin wieder zu Ihnen, und Sie prüfen gemeinsam die Zweige. Die schönsten Blüten deuten darauf hin, dass Ihr Wunsch in Erfüllung gehen könnte – immer vorausgesetzt, Sie haben sich nichts Unmögliches gewünscht. Jeder Zauber, der Ihnen geschieht, kommt ja aus Ihrem eigenen Innersten. Sie selbst müssen es sein, die alle Gaben nutzt, die in Ihnen schlummern. Für Kräuterhexen gibt es keinen Prinzen, der sie wach küsst, keinen Helden, der sie erlöst, aber auch keinen bösen Drachen, der sie zu verschlingen droht. Denn Kräuterhexen sind starke Frauen und nutzen ihre Fähigkeiten.

Beenden Sie diesen schönen Nachmittag mit einem Teller selbst gebackener Plätzchen, würzigem Yogitee und einem gemeinsamen Lied – möglichst einem, das zu Advent und Weihnachten passt. Wenn Sie gerne basteln, zaubern Sie gemeinsam weihnachtliche Wohlgerüche: Schöne glänzende Orangen beispielsweise so dünn abschälen, das sich die Schale dekorativ kringelt, andere mit Gewürznelken spicken. Oder Sie bündeln Zimtstangen mit bunten oder goldenen Bändern. Alles in einer Glasschale anordnen und mit Tannenzweigen schmücken.

Am Barbaratag, wenn es draußen kalt und dunkel ist, denken wir an den Frühling, der uns in wenigen Monaten wieder mit duftenden Blüten in leuchtenden Farben beglücken wird.

Die Geschichte der keltischen Fürstentochter

Die heilige Barbara ist eine historisch nicht fassbare Märtyrerin, die zu den 14 Nothelfern zählt. Seit alters holt man Barbarazweige am 4. Dezember (ihrem Gedenktag) ins Haus, die an Weihnachten blühen sollen. Nur – die heilige Barbara gab es nicht, und die Geschichte, die man über sie erzählt, halten Historiker für die christliche Umdeutung einer Sage aus dem keltischen Kulturkreis: Die Tochter eines mächtigen Fürsten war heimlich mit einem jungen Mann aus dem Volk verlobt, der als Schafhirte die fürstlichen Tiere versorgt haben soll. Natürlich musste das Mädchen einen Mann ihres Standes heiraten, doch sie weigerte sich, ohne ihrem Vater und dessen Schwiegersohn in spe den wahren Grund zu gestehen, denn das hätte ihren Geliebten das Leben gekostet. Um die junge Frau gefügig zu machen, verbannte man sie auf eine einsame Insel. Der junge Mann hielt ihr die Treue und schwamm jede Nacht zu ihr, aber der eifersüchtige Bräutigam, der bereits Verdacht geschöpft hatte, überraschte die beiden und tötete den Mann im Zweikampf. Das Mädchen sperrte man in einen Turm, denn noch immer glaubten Vater und Bräutigam, sie könnten sie mürbe machen. Doch als man ihre Schwangerschaft entdeckte, verurteilte man sie zum Tod: Nur das Kind sollte sie noch austragen, dann würde man sie dem Henker übergeben. Sie gebar ihr Baby, übergab es der Obhut ihrer alten Kinderfrau und folgte ihrem Geliebten freiwillig in den Tod, bevor man sie wie eine Verbrecherin hinrichten konnte.

Verwöhn-Wochenende für Hexen

Auch Hexen brauchen mal eine Auszeit, um wieder neue Kraft zu schöpfen. Gönnen Sie sich drei Tage ohne Verpflichtungen und Stress, in denen Sie ganz allein und vollkommen Hexe sein können. Verwöhnen Sie Ihre Seele mit Entspannungsübungen und Meditation, den Gaumen mit leichtem »Power-Food« und Ihren Körper mit einem umfangreichen Pflegeprogamm, inklusive Kräuterbad, Dampfbad und selbst gemachter Pflegecreme.

Drei Hexentage
zum Auftanken

Manchmal kommt alles auf einmal – die Kinder kosten die letzten Nerven, in der Partnerschaft knirscht es, im Job wird gemobbt, und die beste Freundin lädt alle Probleme bei uns ab. Und wir stehen mittendrin im Chaos. Da hilft nur eins: ausklinken, bis wir wieder klar sehen können. Denn wenn zu viele negative Einflüsse uns belasten, finden wir nur in tiefer Entspannung wieder zu uns selbst – und damit auch wieder den Weg zu den anderen. Lassen Sie sich also nicht Egoismus vorwerfen, wenn Sie sich für einen Tag oder gar eine Woche zurückziehen – diese, Ihre ureigene Zeit dient nur der notwendigen Selbstheilung, und damit helfen Sie sich und allen, die Sie lieben.

Ackerschachtelhalm enthält reichlich Kieselsäure. Er regt den Stoffwechsel der Haut an und stärkt die Widerstandskraft.

Ein Hexen-Wochenende

Für Ihre drei Meditations- und Entspannungstage brauchen Sie viel Ruhe. Suchen Sie sich ein verlängertes Wochenende aus, an dem Sie allein sein können – ohne dafür groß planen zu müssen. Also: Die Kinder wollten ohnehin mal ein paar Ferientage bei Freunden oder den Großeltern verbringen – gut so! Oder der Partner ist über das Wochenende beim Fortbildungsseminar oder mit den Skatbrüdern beim Wandern. Andersrum geht's aber auch: Die Freunde sind auf Kurzurlaub und stellen Ihnen ihre Wohnung zur Verfügung. Irgendwie findet man immer eine Möglichkeit, für sich zu sein – man muss es nur wirklich wollen! Mein nachfolgender Vorschlag für ein Hexenwochenende bezieht sich allerdings speziell auf die Monate Mai/Juni, wenn die Holunderbüsche in voller Blüte stehen.

Erster Tag

Beginnen Sie »Ihren« ersten Tag mit schöner Musik – egal ob Panflöte oder Rock, Bach oder Beatles, Mozart oder Madonna. Hören Sie, wonach Ihnen zumute ist. Ganz wichtig: Wechseln oder stoppen Sie die Musik sofort, wenn Sie Unruhe in sich spüren. Dann nämlich suchen Sie nicht allein die äußere und innere Ruhe – Sie wollen endlich mal Stille. Und auch diese muss man sich in unserer lauten Zeit unbedingt ab und zu gönnen.

Der nächste Schritt: Machen Sie sich's gemütlich. Vielleicht auf ein Tässchen Kaffee noch mal ins Bett? Oder lieber gleich den Meditationstag starten? In diesem Fall kochen Sie sich eine große Kanne Kräutertee, der auch Ackerschachtelhalm enthalten sollte, und bereiten Ihr Kräuterbad vor.

Chrysanthemen für ein langes Leben

Leider gelten die großen gelben oder weißen Blumen bei uns noch immer als Grabschmuck – ganz zu Unrecht übrigens. Denn als Symbole für langes Leben, gelassene Heiterkeit und Genuss in der Entspannung fügen sie sich als passender Schmuck in die nächsten Tage, die Sie in Ruhe und Meditation verbringen wollen. Übrigens trugen schöne Frauen um die Wende des 19. zum 20. Jahrhundert die prachtvollen Blüten an ihrem Ballkleid, und noch heute ist der Chrysanthemen-Ball im Münchner Fasching ein Ereignis.

Ihren ersten Entspannungstag beginnen Sie mit einem Kräuterbad. In einem Badesäckchen können die Kräuter ihre heilsame Wirkung besonders gut entfalten.

Kräuterbad

Die Zutaten für Ihr entspannendes Bad besorgen Sie sich am besten in der Apotheke; Kräuterhexen mit Garten können sie auch selber zusammenstellen.

Je 1 Esslöffel getrocknete Ringelblumen-, Liebstöckel- und Minzeblätter mischen und in ein selbst genähtes Badesäckchen geben, wie es beim Duftsäckchen auf Seite 126 beschrieben ist. Eine schnelle und einfache Lösung: Ein etwa 20 Zentimeter langes Stück aus einem ausgedienten Baumwollstrumpf schneiden, oben zubinden, die Kräuter einfüllen und unten ebenfalls zubinden. Auf dieses Badesäckchen noch 1 bis 2 Tropfen Kiefernnadelöl geben.
Das Säckchen in die Badewanne legen, die Wanne mit warmem Wasser für ein Vollbad füllen, hineinsteigen und mit geschlossenen Augen entspannen. Achten Sie unbedingt auf die richtige Temperatur – heißer als 37 °C sollte das Wasser nicht sein, sonst werden Sie schlapp, und die heilsame Wirkung der Kräuter geht verloren. Mit dem Säckchen können Sie sich auch kräftig abrubbeln, das verstärkt den Effekt der Kräuter. Nach dem Bad trocknen Sie sich gründlich ab und hüllen sich in Ihren weichen, warmen Bademantel.

Frühstück

Lassen Sie sich zum Frühstück reichlich Zeit – sowohl beim Zubereiten als auch beim Essen. Heute gibt es Porridge. Denken Sie dabei aber bitte nicht an einen faden, zähen Haferflockenbrei, sondern an die Köstlichkeit, die schottische Frauen so wunderbar zubereiten können:

3 Esslöffel Haferflocken, 1 Prise Salz und 1/4 Liter Wasser in einem kleinen Topf aufkochen und zugedeckt bei schwächster Hitze etwa 20 Minuten kochen, bis der Brei dick geworden ist – dabei häufig umrühren, damit nichts anbrennt.
Inzwischen bereiten Sie das Obst vor: 1 kleinen Apfel oder 1 kleine Birne waschen, vierteln, vom Kerngehäuse befreien und in kleine Stücke schneiden oder grob raspeln. Je 2 schöne, weiche Trockenpflaumen und zuckersüße Aprikosen zerkleinern. Den Porridge in einen Suppenteller füllen, mit dem Obst belegen und 3 bis 4 Esslöffel leicht geschlagene süße Sahne darüber verteilen. Dann kommen noch 1 bis 2 Teelöffel Heidekrauthonig, Ahornsirup oder Zuckerrübenkraut darüber. Zum Schluss bestreuen Sie das Ganze mit 1 Esslöffel beliebigen gehackten Nusskernen. Dazu trinken Sie eine Tasse Kräutertee oder frisches Quellwasser.

Die ganze Kraft der Kräuter in Ihrer Badewanne: Ringelblumen kräftigen die Haut, Liebstöckel erfrischt sie, Minze sorgt für die Regeneration Ihres gesamten Organismus, und Kiefernnadeln regen die Durchblutung an.

Das Entspannungsritual sollten Sie auch immer dann durchführen, wenn Sie Ärger im Privatleben oder mit Kollegen haben.

Entspannungsritual

Ruhen Sie nach dem Frühstück etwa 10 Minuten, und führen Sie dann ein Ritual durch, das Ihnen tiefe Entspannung bringen kann und das Sie während der Entspannungstage täglich anwenden sollten:

Stellen Sie zwei blaue und eine rote Kerze auf Ihren Altar – für die Farben der Wahrheit und der Liebe. Dann heizen Sie eine elektrische Warmhalteplatte oder eine Kochplatte an und schalten sie wieder aus. Streuen Sie nun auf die warme Platte eine Mischung aus Lavendelblüten, Rosenblättern und einigen Meersalzkörnern. Setzen Sie sich in einem bequemen Stuhl vor diese Duftquelle – wer mag, im Lotussitz –, legen Sie beide Hände mit den Handflächen nach oben leicht gekrümmt wie Schalen in Ihren Schoß und lassen Sie den Atem ruhig fließen. Beim Ausatmen lassen Sie auch die negativen Energien los, während Ihre Hände die positive Kraft aus dem Duft schöpfen. Das Atmen verstärkt diese Wirkung noch, und Sie werden nach etwa 20 Minuten beglückt aufstehen. Lassen Sie nun frische Luft ins Zimmer, und atmen Sie einige Male tief und ruhig durch. Wenn Sie mögen, trinken Sie jetzt noch eine Tasse Kamillentee mit Honig. Oder Sie machen gleich Ihren Spaziergang im Wald oder im Park.

Dampfbad für die Haut

Nach dem ausgedehnten Spaziergang gönnen Sie sich ein Salbei-Dampfbad für Ihr Gesicht: Es macht die Haut zart und reinigt sie ganz sanft von Staub und Schmutz. Dafür brauchen Sie reichlich frische Salbeiblätter, die Sie in einer Schüssel mit heißem Wasser übergießen. Dann lassen Sie den Dampf so lange auf die Haut einwirken, bis Sie sich erfrischt fühlen. Decken Sie dabei ein großes, weiches Handtuch über Kopf und Schüssel, damit die wertvollen ätherischen Öle in Ihre Haut gelangen.

Mittagessen

Als kaltes Mittagessen gibt es nach dem opulenten Frühstück etwas Leichtes: Staudensellerie mit Käsebrot.

3 Selleriestangen waschen, putzen und fein zerkleinern. Dabei die frischen grünen oder gelben Blättchen mitverwenden. 1 kleinen säuerlichen Apfel schälen, vierteln, grob raspeln und zum Sellerie geben. 1 Esslöffel Zitronensaft und 1 Teelöffel Öl zufügen, alles mischen und mit Salz und Pfeffer abschmecken. 1 dünne Scheibe Vollkornbrot mit einer Mischung aus 2 Esslöffeln körnigem Frischkäse, 1 Esslöffel zerkleinertem frischem Dill und 1 Teelöffel geriebenem Parmesankäse bestreichen. Alles mit frisch gemahlenem Pfeffer würzen und zum Salat servieren.

Pflegecreme für die Hände

Verbringen Sie Ihren Nachmittag ganz geruhsam mit der Zubereitung einer Pfefferminz-Pflegecreme für die Hände:

2 Esslöffel Pfefferminzblätter mit 100 Milliliter siedendem Wasser übergießen, 10 Minuten ziehen lassen und abfiltern. In der warmen Flüssigkeit 1/2 Würfel Hefe auflösen und 10 Minuten ruhen lassen, bis sich Blasen gebildet haben. Die Creme in das irdene Hexenschälchen geben, die Hände damit bestreichen und jede Hand in einen weichen Frotté-Waschhandschuh stecken. Legen Sie sich nun bequem zurück, und lassen Sie die Creme etwa 10 Minuten einwirken. Dann mit warmem Wasser abspülen, die Hände trocknen und wie gewohnt eincremen, allerdings nur ganz leicht.

Kapuziner-Kapern

Nach so viel Pflege und Entspannung können Sie jetzt schon einmal eine köstliche Zutat für das morgige Mittagessen vorbereiten:

Etwa 300 Gramm fest geschlossene Kapuzinerkresse-Blütenknopsen waschen und in sprudelnd kochendem Wasser etwa 1 Minute blanchieren. Die Knospen abgetropft mit grobem Salz, zerdrückten Pfefferkörnern, Salbei- oder Estragonblättern dicht in kleine, gut gereinigte Gläser schichten, mit Essig aufgießen, verschließen und in den Kühlschrank stellen.

Abendessen

Abends essen Sie Ihre warme Mahlzeit:

2 kleine Kartoffeln als Pellkartoffeln kochen. 1 dünne Scheibe Schweinefilet (70 Gramm) in feine Streifen schneiden. 100 Gramm Löwenzahnblätter waschen und klein schneiden. 4 schöne Champignons in dünne Scheiben schneiden. 1 Zwiebel würfeln, 1 Knoblauchzehe zerdrücken. Alle diese Zutaten in einer beschichteten Pfanne mit 1 Teelöffel Öl unter ständigem Wenden kräftig braun anbraten. Mit Salz und Pfeffer würzen, mit 1 Esslöffel Sahne mischen und mit den gepellten Kartoffeln auf einem vorgewärmten Teller anrichten.

Selbst eingelegte Kapern aus Kapuzinerkresse-Blütenknospen schmecken gut zu Remouladensauce, Eiern und an Kartoffelgemüse.

Zweiter Tag

Frühstück

Den nächsten Tag beginnen Sie mit einem herzhaften Frühstück:

1 Vollkornbrötchen halbieren und die untere Hälfte mit 2 Esslöffeln körnigem Frischkäse bestreichen. 1 Tomate würfeln, mit reichlich zerkleinertem Basilikum, Salz und Pfeffer mischen, auf den Käse geben und das Brötchen wieder zusammensetzen.

Mittagessen

Kapuzinerkresse ist eine wahre Naturapotheke: Kraut und Samen wärmen, wenn Ihnen so richtig klamm ist, lösen den Schleim, wenn Sie eine Erkältung haben, und reinigen von innen. Der hohe Vitamin-C-Gehalt nützt den Abwehrkräften. Und für uns Frauen besonders wichtig: Kapuzinerkresse fördert den Harnfluss und die Menstruation. Ein gemischter Salat mit frischen Kapuzinerkresseblättchen und -blüten wirkt da oft Wunder, ebenso eingelegte frisch gepflückte Knospen (siehe Seite 86), die wie normale Kapern zu Remouladensauce und Eiern und an Kartoffelgemüse mit fein geschnittnenen Gürkchen schmecken. Oder zu pochiertem Fisch, der gleich noch Ihren Jodspeicher auffüllt:

Blüten zum Essen müssen Sie schon beim Pflücken sehr gut ausschütteln und dann noch in kaltes Wasser mit Zitronensaft legen. Das vertreibt die Insekten.

150 Gramm Goldbarschfilet waschen, trockentupfen und mit 1 Esslöffel Zitronensaft beträufeln. 1 Schalotte abziehen, fein zerkleinern und in 1 Teelöffel heißem Olivenöl andünsten. Den Fisch zufügen, kräftig mit Salz und Pfeffer würzen und auf beiden Seiten knapp 1 Minute bei schwacher Hitze dünsten. 4 Esslöffel Fischfond (aus dem Glas) und 2 Esslöffel Crème fraîche zugeben und den Fisch etwa 5 Minuten zugedeckt garen. 1 Esslöffel Kapuziner-Kapern oder normale Kapern und 1 Esslöffel gehackte frische Kräuter (z. B. die Entspannungskräuter Dill, Kümmelkraut und Koriander) untermischen. Die Sauce mit Salz und Pfeffer abschmecken und den Fisch mit Pellkartoffeln oder Reis anrichten.

Kräuter-Fußbad

Den Nachmittag verbringen Sie wieder mit einem Spaziergang oder mit einem guten Buch. Wer lieber Körperpflege betreibt, kann ein erfrischendes Fußbad nehmen:

12 Esslöffel frische oder 6 Esslöffel getrocknete Beifußblätter auf zwei Schüsseln verteilen und jeweils mit 2 Liter kochendem Wasser übergießen. Den Inhalt der einen Schüssel gut warm halten, den der anderen abkühlen lassen. Die Füße nun abwechselnd für je 5 Minuten in den warmen und in den kalten Aufguss tauchen und mit dem kalten Guss abschließen. Die Füße gut trocknen und eine Creme aus Arnika und Kamille (aus der Apotheke) einmassieren.

Abendessen

Zum Abendessen gibt es leichte Kost – mit all den guten Substanzen, die Ihr Körper zur Regeneration braucht. Und davon liefern Äpfel eine Menge, die Ihren Stoffwechsel so anregen, dass die Verdauung über Nacht ganz sanft abläuft. Genießen Sie also eine fruchtige Apfelsuppe mit Sanddorn:

Sanddorn, die uralte Schutzpflanze

Wie alle Pflanzen mit Dornen bietet auch Sanddorn Schutz vor bösen Geistern – schon in der Antike hängte man Dornenzweige an Fenstern und Türen auf, um Dämonen fern zu halten. Die moderne Wissenschaft weiß, dass Sanddorn die »Mini-Dämonen« vertreibt, die uns mit Erkältung, Fieber und Halsentzündung plagen, und aufgrund der Karotinoide aggressive Freie Radikale nicht überhand nehmen lässt, also positiv auf unser Immunsystem wirkt. Wegen seines hohen Vitamin-C-Gehalts ist der Saft seit Generationen geschätzt und wird in Milchmixgetränke, Müsli und Obstsalat gemischt. Wer selber sammelt und die Beeren einkocht: Ideal zum Süßen sind Honig, Rohrzucker, Apfel- und Birnenkraut. Als Gewürze eignen sich Ingwer, Kardamom, Nelken, Vanille und Zimt.

Für das Ruheritual brauchen Sie frischen Oregano, zwei grüne Kerzen und eine echte Bienenwachskerze. Nehmen Sie sich viel Zeit, und die negative Energie wird wie von selbst verschwinden.

1 säuerlichen Apfel waschen, vierteln, vom Kerngehäuse befreien und mit 1/8 Liter Pflaumensaft pürieren. Mit 1 Esslöffel Zitronensaft und 2 Esslöffeln Sanddornsirup mischen und auf einem tiefen Teller anrichten.
1 bis 2 Esslöffel Crunchy-Flocken darüber streuen und mit 2 bis 3 roten oder weißen Kleeblüten garnieren.

✖ Das Ruheritual

Führen Sie dieses Ritual am Abend vor dem Schlafengehen durch:

Ein großes Bund frischen Oregano mit siedendem Wasser übergießen und zugedeckt 10 Minuten ziehen lassen. Das Kraut entfernen und den Absud in den Kelch geben, den Sie in die Mitte Ihres Altars stellen. Entzünden Sie zwei hohe grüne Kerzen und eine echte Bienenwachskerze.
Das Grün schenkt Ihnen Lebensmut, der Honigduft der Bienenwachskerze beruhigt. Für die Räucherung verwenden Sie ein Stäbchen mit Veilchen- oder Lavendelaroma – beide Pflanzen unterstützen Sie bei der Besinnung auf sich selbst. Die Statue der Göttin schmücken Sie mit einem Sträußchen Immergrün oder rotem Klee zur Abwehr des Bösen.
Setzen oder legen Sie sich bequem hin, und lassen Sie beide Hände mit den Handflächen nach unten sanft auf Ihrem Bauch ruhen – er ist das Symbol für Wärme und Schutz der Mutter. Lassen Sie Ihren Atem etwa 15 Minuten oder auch länger, wenn Sie sich dabei wohl fühlen, ganz ruhig fließen. Atmen Sie dabei ganz bewusst in Ihren Bauch hinein, und achten Sie auf richtiges Ausatmen, denn das schafft Ihnen negative Energie buchstäblich vom Leib.
Nach diesem Ritual sollten Sie Ihre Gedanken noch zwei, drei Minuten ruhig schweifen lassen, bis Sie wieder »zurückkehren« und den Tag ausklingen lassen.
Zum Abschluss berühren Sie den Kelch mit dem Zauberstab und trinken den Oreganosud langsam in kleinen Schlucken. Sobald die Räucherstäbchen ausgebrannt sind, löschen Sie auch die Kerzen und gehen zu Bett. Schlafen Sie nach Möglichkeit bei geöffnetem Fenster.

Nur wer in sich ruht und bewusst abschalten kann von Stress und Ärger, hat wieder neue Energie für die Herausforderungen des täglichen Lebens. Deswegen ist es so wichtig, sich hin und wieder zu verwöhnen – und zur Ruhe zu kommen. Das Ruheritual können Sie auch sonst nach einem anstrengenden Tag durchführen.

Gut und gesund gestärkt geht es auf die »Blütenwanderung«, um Holunderdolden für die Essenz zu sammeln.

Dritter Tag

Der dritte Tag führt Sie möglichst schon frühmorgens hinaus in die Natur, denn heute holen Sie sich Kraft von Frau Holles heiligem Busch, dem Holunder. Deshalb nur ein kurzes Frühstück:

Frühstück

150 Gramm schöne, reife Erdbeeren waschen, abzupfen und klein schneiden. Mit 1 Teelöffel Honig und 100 Gramm Dickmilch (3,5 %) mischen. 2 bis 3 Zweige fein geschnittenes Koriandergrün und 1 Esslöffel Cornflakes zugeben. Alles unmittelbar vor dem Essen mischen. Damit Sie unterwegs nicht müde werden, packen Sie sich noch einen kalten Imbiss ein: 1 Vollkornbrötchen, 1 saftige Birne und 1 Becher Joghurt.

Holunder-Spaziergang

Holunder wächst an Weg- und Waldrändern und blüht – je nach Witterung – im Mai und/oder Juni. Sammeln Sie immer abseits von Straßen, und schneiden Sie die Dolden am besten mit einer Küchenschere ab, um die Zweige nicht zu verletzen: Vier bis fünf Blütendolden brauchen Sie für eine Essenz, die Ihre Haut beruhigt, zwei bis drei für Ihr Mittagessen. Legen Sie die Blüten locker in einen Korb.

Genießen Sie bei Ihrem Spaziergang die Natur in vollen Zügen: Die Wiesen stehen in Pracht und Blüte, die Wälder schmücken sich mit zartem Grün, das Summen der Bienen beruhigt Ihre Nerven, und die Sonne wärmt den ganzen Körper und verleiht neue Lebenskraft.

Holunderessenz

Zu Hause legen Sie Holunderdolden für die Essenz in Ihren Hexenkessel und fügen ein großes Stück unbehandelte Zitronenschale und einige Teelöffel frisch gepressten Zitronensaft hinzu – die ätherischen Öle der Zitrusfrucht stärken alle Sinne. Nun bringen Sie 1/3 Liter reines Quellwasser zum Kochen, gießen es über den Holunder und lassen alles zugedeckt fünf Minuten ziehen. Danach durch ein Sieb gießen und die Essenz nur so weit abküh-

Beschließen Sie Ihr Verwöhn-Wochenende mit einem Ritual, das all Ihre Kräfte vereinigt. Auch hier spielen Farben eine große Rolle: Rot steht für die Liebe, Weiß für die Reinigung von negativen Energien.

len lassen, dass Sie die Temperatur angenehm auf Ihrer Haut spüren. Tränken Sie einen Wattebausch mit der Essenz, und betupfen Sie damit sanft Gesicht, Hals und Dekolleté.

Holunder-Träumereien

Jetzt entspannen Sie und denken dabei an Frau Holle, nach der unsere Vorfahrinnen den Holunder getauft haben. Sie ist eine gute Fee, obwohl man sie später mit Schreckgestalten wie Frau Perchta verwechselt hat. Man unterstellte ihr sogar, das Wilde Heer zu führen – eine martialische Schar von Göttern und Dämonen, die nach Weihnachten durch die Lüfte sausen und abergläubischen Menschen Angst einjagen. Nein: Frau Holle ist freundlich und hilfreich, eine »holde Frau« eben. So hat man früher besonders gebildete, edle – und erotisch begehrenswerte weibliche Wesen genannt. Und weil diese starken, schönen Frauen mehr Respekt als Liebe wecken, wurde aus der mächtigen Muttergöttin eine strenge, aber gerechte Großmutter, die im Märchen die brave Goldmarie für ihre Arbeit belohnt und die faule Pechmarie das Fürchten lehrt.

Wir Kräuterhexen verehren und lieben Frau Holle in ihrer ursprünglichen Gestalt. Durch sie ist der Holunder zum Symbol der Wiedergeburt geworden: eine heiliger Strauch, der dem Menschen in Not Kraft spendet. Als »Wächter« vor die Stalltür gepflanzt, hält er Krankheiten von den Tieren fern, als Lebensbaum steht er mit der weiblichen Sexualität in Verbindung – »Auf Johanni blüht der Holler, da wird die Liebe noch viel toller«, dichteten hoffnungsfroh die jungen Männer –, und als rätselhafte Pflanze steht er auch mit dem Tod in Verbindung: Mit einem Holunderzweig nahm man Maß am Verstorbenen, um den Sarg in der richtigen Größe anzufertigen. Und der Kutscher auf dem Leichenwagen trug statt der Peitsche einen Holunderzweig.

Erwachen Sie nun aus Ihren Holunder-Träumereien, und massieren Sie den Rest der Essenz mit leicht kreisenden Bewegungen in Ihre Haut ein. Dann geht es in die Hexenküche für das

Mittagessen

Heute gibt es köstliche Hollerküchlein:

Legen Sie 2 bis 3 Holunderdolden in Wasser mit Zitronensaft, während Sie einen dickflüssigen Teig aus etwa 50 Gramm Mehl, 1 Prise Salz, 1 Ei und etwa 100 Milliliter Milch rühren. Die Blütendolden gut trockenschütteln, in den Teig tauchen und in reichlich heißem Sonnenblumenöl oder Butterschmalz knusprig ausbacken. Kurz auf Küchenpapier abtropfen lassen, mit Zucker und Zimt bestreuen und heiß genießen – dazu gönnen sich Kräuterhexen wahlweise Nusseis, Rhabarberkompott oder frische Erdbeeren.

Abendessen

Abends essen Sie einen leichten Feldsalat mit Honigdressing. Er schenkt Ihnen Ruhe und Entspannung, denn Feldsalat gehört zur großen Baldrian-Familie:

1 Esslöffel Zitronensaft mit 1 großen Messerspitze Lavendelhonig, 1/2 Teelöffel scharfem Senf, frisch gemahlenem Pfeffer und 1 Esslöffel Olivenöl verrühren. 100 Gramm Feldsalat waschen und trocknen. Mit dem Dressing mischen und mit 1 Esslöffel Salzmandeln bestreuen. Dazu gibt es Weißbrot aus der Toskana oder mexikanische Taco-Chips.

Ritual zum Ausklang

Beenden Sie Ihre Meditationstage mit einem Ritual, das all Ihre Kräfte vereinigt: die Inspiration der großen Göttin, die Unschuld des jungen Mädchens, das Sie einmal waren, die geistige Kapazität, die in Ihnen schlummert, und die Fähigkeit zum Entzücken, die Sie immer wieder wecken müssen.

Das Ritual eignet sich auch für eine Meditation und Läuterung nach einem Streit. Führen Sie es abends oder nachts aus, wenn Sie sicher sein können, dass niemand Sie stört.

Entzünden Sie auf Ihrem Altar drei hohe rote Kerzen und ein kleines weißes Teelicht – Rot steht für Liebe, Weiß ermöglicht die Reinigung von negativen Energien. Vor die Statue der Göttin stellen Sie eine Vase mit Ysopzweigen und einem Kastanienzweig. Für die Räucherung verwenden Sie ein Lemon-Stäbchen – Zitronen symbolisieren die Kraft des Herzens. Den Kelch füllen Sie mit etwa 100 Milliliter kräftigem Rotwein, der das Blut reinigt und erneuert. Schließen Sie nun die Augen, und breiten Sie die Arme mit den Handfläche nach oben aus. Dadurch geben Sie negative Einflüsse ab und nehmen positive aus den magischen Utensilien auf. Bleiben Sie in dieser Haltung etwa drei Minuten, und atmen Sie dabei tief ein und aus. Danach berühren Sie mit dem Zauberstab Ysop- und Kastanienzweig, übertragen deren Kräfte auf den Kelch und trinken den Wein langsam in kleinen Schlucken. Dann lassen Sie die Räucherung ausbrennen, löschen die Kerzen und gehen möglichst gleich zu Bett.

Rezepte für Glück und Liebe

Kennen Sie dieses wunderbare Wohl-Gefühl? Wir freuen uns über jeden neuen Tag, und wir möchten die Natur am liebsten umarmen. Die Dichterin Marie-Luise Kaschnitz hat dafür ein schönes Bild gefunden:

»Schön wie niemals sah ich jüngst die Erde.
Einer Insel gleich trieb sie im Winde.
Prangend trug sie durch den reinen Himmel
Ihrer Jugend wunderbaren Glanz.«

Die glücklichen Momente in unserem Leben sind ein wahres Geschenk, das man entsprechend feiern sollte. In diesem Kapitel finden Sie eine Auswahl an Rezepten, die dafür bestens geeignet sind.

Glückliche Tage feiern

Sie wollen einen besonderen Glückstag festlich begehen – vielleicht hat Ihre Freundin ein Baby bekommen, vielleicht feiern Sie die Taufe Ihres eigenen Kindes, vielleicht haben Sie ja auch den Mann Ihres Lebens gefunden? Kurz und gut: Sie haben eine Lebensphase erreicht, die Ihnen sehr viel Zufriedenheit schenkt, und da möchten Sie ein Glanzlicht setzen. Holen Sie liebe Menschen zu Ihrem Fest, die sich mit Ihnen freuen können.

Die goldenen Glücksblumen kombinieren Sie je nach Anlass mit Blumen in einem anderen Farbton. Der tiefrote Klatschmohn z. B. eignet sich als Ergänzung in Ihrem Blumenarrangement, wenn Sie ein rauschendes Liebesfest feiern wollen.

Glücksblumen

Glücksblumen sind golden, denn das ist die Farbe der Himmlischen. Und bekanntlich haben Göttinnen kaum Pech – schwarze Tage, die uns irdischen Frauen eine Menge Ärger bescheren, bringen die Glücklichen der anderen Welt immer wieder irgendwie ins rechte Lot: Persephones Raub durch Hades machte sie zur Herrscherin der Unterwelt, und Aphrodite bekam ihren schönen Adonis wieder – zwar nicht übers ganze Jahr, dafür auf ewig. Nehmen Sie also goldene Osterglocken und Himmelsschlüsselchen, gelbe Tulpen und Mimosen, Löwenzahn und gelben Ginster.

Wenn Sie ein Liebeserlebnis feiern wollen, werden die goldgelben Blumen mit den roten Blumen der Leidenschaft kombiniert: Nelken und Klatschmohn, Malven und Pfingstrosen. Blaue Blüten passen, wenn Sie ein glücklich bestandenes Examen, ein Jubiläum oder einen Glückstag Ihrer Karriere feiern wollen. Denn Blau steht für unsere geistigen Fähigkeiten. Schön zum Gold des Tages sind Kornblumen und Rittersporn. Tiefgelbe Rosen und die Blütensterne von weißem Phlox, die sich zu dicken Trauben vereinigen, symbolisieren als Tischschmuck beim harmonischen Familienfest den Dreiklang von Leben, Liebe und Fülle.

Das edle Weiß von Flieder, Gardenien und Maiglöckchen gehört zu den großen Festen des Glücks – Hochzeit, Geburt und Taufe. Wenn Sie im Winter feiern, denken Sie an die Christrose, die weiß und gold in sich vereinigt: Sie trägt fünf weiße Blütenblätter und zartgelbe Staubgefäße. Ihre Geschichte ist mit dem Wunderbaren verbunden, das wir weißmagische Hexen so sehr lieben und hegen: Früher, als alle Menschen noch an Wunder glauben konnten, kam jedes Jahr in der Weihnachtsnacht für einige Stunden das Paradies auf die Erde. Wilde und zahme Tiere lebten einträchtig beieinander, und es blühten prachtvolle Blumen, die man sonst nie zu sehen bekam. Doch irgendwann interessierte sich keiner mehr für das Wunderbare, und deshalb verschwand es aus unserer Welt. Nur die Christrose ist uns geblieben als Zeichen des Friedens auf Erden, den in der Christnacht niemand stören sollte.

Glückslinsensüppchen
mit Salbei

Für 4 Personen

150 g Puy-Linsen * 3/4 l Gemüsebrühe
2 Lorbeerblätter * Salz * 1/2 Bund Rucola
1 Zwiebel * 1 Knoblauchzehe
4 EL Basilikumöl * 2 EL weißer Balsamessig

1. Die Linsen mit der Gemüsebrühe, den Lorbeerblättern und etwas Salz aufkochen und zugedeckt bei schwacher bis mittlerer Hitze in 30 bis 40 Minuten bissfest kochen.

2. Inzwischen die Rucolablätter waschen und trocknen. Die Stiele abschneiden und ganz fein schneiden. Die Blätter zum Bestreuen der Suppe grob zerkleinern.

3. Die Zwiebel und den Knoblauch abziehen und hacken. Mit den Rucolastielen in 2 Esslöffeln heißem Öl bei schwacher Hitze glasig dünsten, in die Linsensuppe geben und einmal aufkochen.

4. Die Suppe mit dem restlichen Öl und dem Balsamessig abschmecken, in vorgewärmte Teller verteilen und mit den Rucolablättern bestreut servieren.

Viele Linsen für viele glückliche Lebensjahre – das wünschen wir dem Neugeborenen, wenn wir ihm zu Ehren ein feines Süppchen genießen. Das Öl mit dem edlen Aroma des Königskrauts Basilikum symbolisiert Durchsetzungkraft und bietet Schutz vor bösen Mächten.

Das Glückslinsensüppchen ist ein leichter, aber feiner Auftakt für ein Mahl mit Freunden oder in der Familie, wenn wir ein glückliches Ereignis feiern wollen.

Maisalat
mit warmem Ziegenkäse

Die Ziege Heidrun war den Germanen heilig. Das glückliche Tier durfte an den Blättern der Weltesche Yggdrasil knabbern und gab zum Dank eine köstliche Milch – der Trank von Göttern und Helden. Wir Kräuterhexen denken dabei ganz praktisch an sahnigen Ziegenkäse, der so gut mit dem knackig frischen Salat harmoniert, den wir zum wilden Hexenfest im Freien mit anderen glücklichen Hexen servieren.

Unter freiem Himmel schmecken die ersten Frühlingsgaben der Natur gleich nochmal so gut.

Für 8 Personen

1 EL Öl * 8 EL Olivenöl * 400 g junger, milder Ziegenkäse
4 Zweige Petersilie * 2 große Köpfe Römersalat * 500 g Erdbeeren
1 Bund frische Minze * 4 EL Apfelessig
1/8 l roter Traubensaft * Salz
1 TL eingelegte oder frische grüne Pfefferkörner * 1 EL geröstetes Sesamöl

1. Den Backofen auf 250 °C (Umluft 220 °C, Gas Stufe 5) vorheizen. Ein Backblech mit etwas Öl bestreichen. Den Käse in fingerdicke Scheiben schneiden. Die Scheiben nebeneinander auf das Blech legen und mit 3 Esslöffeln Olivenöl beträufeln. Die Petersilie waschen und trocknen. Die Blättchen abzupfen und die Käsescheiben damit belegen.

2. Den Römersalat putzen und in einzelne Blätter zerpflücken. Die Blätter waschen, trocknen und in feine Streifen schneiden. Die Erdbeeren ebenfalls waschen, abzupfen und halbieren oder vierteln. Die Minzeblättchen von den Stängeln zupfen, waschen, trockenschütteln und in sehr feine Streifen schneiden. Alle diese Zutaten in einer großen Schüssel mischen.

3. Den Essig mit dem Traubensaft, Salz und Pfefferkörnern – nach Wunsch zerdrückt – mischen. Das restliche Olivenöl und das Sesamöl nach und nach unterrühren. Das Dressing ruhen lassen, bis der Ziegenkäse heiß ist.

4. Das Blech mit dem Käse in den heißen Ofen schieben. Den Käse etwa 2 Minuten backen, bis er zu »laufen« beginnt, und herausnehmen.

5. Das Dressing über den Salat gießen und mischen. Den Salat auf Tellern anrichten, mit dem heißen Käse belegen und sofort servieren. Dazu schmeckt Baguette oder Fladenbrot.

Ein Salat mit vielen frischen Zutaten, köstlichem Käse und in den festlichen Farben Grün, Weiß und Rot passt so recht für ein wildes Hexenfest in der Walpurgisnacht.

Gefüllte Zucchiniblüten
und Knusperpetersilie

Vielleicht haben Sie und Ihr Mann sehr lange darauf gewartet – doch endlich dürfen Sie den glücklichen Tag erleben: Sie wissen, dass Sie ein Baby bekommen werden. Widmen Sie ihn Dana, die den irischen Kelten als Mutter Erde heilig war. Und laden Sie dazu Ihre Trauzeugen oder zwei Ihrer besten Freunde ein. Beginnen Sie mit einer Vorspeise:

Für 4 Personen
8 schöne, große Salatblätter * 1 Bund krause Petersilie
8 große Zucchiniblüten * 1 EL Balsamessig
3 EL Olivenöl * 2 kleine Kirschtomaten
1 kleines Stück weicher Feta (ca. 40 g) * 1 Eiweiß
60 g Mehl * Salz * frisch gemahlener Pfeffer * Öl zum Frittieren

Die herrlich gelben Blüten der Zucchini müssen nicht mit Samthandschuhen angefasst werden, aber etwas Vorsicht ist beim Füllen und Ausbacken schon geboten.

1. Salatblätter, Petersilie und Zucchiniblüten waschen und sehr gut trockenschütteln. Den Salat auf Portionsteller legen. Den Essig mit dem Öl verrühren und die Salatblätter damit beträufeln.

2. Die Narbe mit den Staubgefäßen im Innern der Zucchiniblüten mit einer Pinzette abknipsen. Die Kirschtomaten waschen und vierteln. Den Schafskäse (Feta) in 8 Stücke teilen.

3. Das Eiweiß mit 2 Esslöffeln kaltem Wasser verquirlen. Das Mehl mit etwa 8 Esslöffeln kaltem Wasser glatt rühren, das verquirlte Eiweiß untermischen, salzen und pfeffern.

4. Das Öl zum Frittieren erhitzen. Die Zucchiniblüten jeweils mit 1 Tomatenviertel, 1 Stück Schafskäse und 1 Petersilienblatt füllen. Die Blüten oben leicht zusammendrehen.

5. Die Zucchiniblüten nacheinander in den Teig tauchen und im heißen Öl etwa 2 Minuten frittieren, bis sie eine zartbraune Kruste haben. Auf Küchenpapier kurz abtropfen lassen und auf dem Salat anrichten.

6. Die restlichen Petersilienstängel ebenfalls kurz frittieren, bis sie knusprig sind, abtropfen lassen und neben den Zucchiniblüten anrichten. Mit grobem Pfeffer bestreuen.

Rinderfilet
und Gemüse mit Kräuterreis

Nach der Vorspeise servieren Sie jetzt das Hauptgericht:

Für 4 Personen

250 g Langkornreis * Salz * 2 Lauchzwiebeln

300 g weißer oder grüner Spargel * 100 g Zuckerschoten

2 Hand voll gemischte frische Kräuter (möglichst Bohnenkraut, Estragon, Löwenzahn, Salbei und Dill)

400 g Rinderfilet * 2 EL Erdnussöl * 100 ml Kalbsfond (Glas)

2 EL Crème double * frisch gemahlener weißer Pfeffer * 1 EL Butter

Alles was der Frühling hergibt: junge Erbsenschoten, die so zart sind, dass sie mit »Haut und Haar« verspeist werden können, und zarter Spargel.

1. Den Reis mit Wasser und Salz aufkochen und zugedeckt bei schwächster Hitze in 15 bis 20 Minuten garen.

2. Inzwischen die Lauchzwiebeln waschen, putzen und mit allen saftigen grünen Röhren in dünne Ringe schneiden. Den Spargel waschen, schälen und in etwa 1 Zentimeter lange Stücke schneiden, dabei die holzigen Stielenden entfernen. Die Spargelköpfe beiseite legen.

3. Die Zuckerschoten putzen, waschen und schräg in fingerbreite Stücke schneiden. Die Kräuter waschen, trockenschütteln und sehr fein zerkleinern. Das Filet in Streifen schneiden.

4. 1 Esslöffel Öl erhitzen. Zwiebelringe und Spargelstücke (ohne die Köpfe) darin bei schwacher Hitze anbraten. Die Hälfte des Fonds zugeben und den Spargel zugedeckt bei mittlerer bis schwacher Hitze 5 Minuten garen. Die Spargelköpfe und Zuckerschoten zugeben und alles Weitere 5 bis 7 Minuten garen, bis das Gemüse bissfest ist. Mit der Crème double mischen und zugedeckt warm halten.

5. Das restliche Öl in der Pfanne erhitzen. Das Fleisch darin bei starker Hitze rundherum braun anbraten. Den Bratensatz mit dem restlichen Kalbsfond ablöschen. Das Filet mit Salz und einer kräftigen Prise Pfeffer würzen und locker mit dem Gemüse mischen.

6. Die Butter zerlassen. Die zerkleinerten Kräuter kurz darin anschwitzen und unter den heißen Reis ziehen. Filet, Gemüse und Reis auf vorgewärmten Tellern anrichten.

Fruchtbarkeitskräuter

Die Kräuter für den Reis sind mit der Liebesgöttin, mit Fruchtbarkeit und Glück verbunden. Nehmen Sie von Bohnenkraut, Basilikum und Estragon nur wenig, während Sie mit Löwenzahn und Salbei ruhig verschwenderisch umgehen können. Dill rundet das Hexenkräuterbündel für Ihr schönes Essen ab, denn er schenkt Entspannung nach Lebensphasen voller Stress.

Obstauflauf
mit Mohn

Und abschließend gibt's das Dessert:

Der Obstauflauf mit Mohn schmeckt herrlich nach Sommer und vielen frischen Früchten.

Für 4 Personen
300 g reife Pfirsiche, Aprikosen, gelbe Pflaumen oder Zwetschen
2 EL Brombeergelee * 50 g Zucker
1 TL Vanillezucker * 2 Eier * 60 g weiche Butter
2 EL Orangensaft * 1 TL abgeriebene unbehandelte Zitronenschale
100 g feines Mehl * 50 g gemahlener Mohn
1 große Messerspitze Backpulver * 1/4 l Milch

1. Die Früchte waschen, halbieren, entsteinen und mit der Höhlung nach oben in eine flache Auflaufform legen. Die Höhlungen mit dem Gelee füllen. 2 Esslöffel Zucker mit dem Vanillezucker mischen und darüber streuen.

2. Den Backofen auf 180 °C (Umluft 160 °C, Gas Stufe 2) vorheizen. Die Eier trennen. Die Eiweiße steif schlagen. Den restlichen Zucker mit der Butter schaumig rühren und Orangensaft, Zitronenschale und Eigelbe unterrühren.

3. Das Mehl mit Mohn und Backpulver mischen und unter die Creme heben, dann die Milch und zum Schluss den Eischnee unterrühren. Den Teig über den Früchten glatt streichen.

4. Den Obstauflauf in den heißen Backofen (untere Schiene) stellen und etwa 30 Minuten backen. Wenn die Oberfläche gebräunt ist, herausnehmen, etwas abkühlen lassen und mit Eis und/oder Schlagsahne servieren.

Kaum eine Pflanze wirkt so stark auf die Fruchtbarkeit wie Mohn. Der Auflauf als Nachspeise unterstützt Ihre freudige Erwartung – seelisch und körperlich. Und wer weiß – vielleicht gibt es ja bald wieder etwas zu feiern, wenn die beiden Menschen, die Sie zum Glücksessen eingeladen haben, so glücklich sind wie jetzt gerade Sie.

Das Liebesmahl

Sie wollen Ihren Traumprinzen verzaubern? Das wird Ihnen mit einem Liebesmahl gelingen. Aber nehmen Sie sich Zeit für die Vorbereitung: Erstens schaffen Sie so am besten eine Atmosphäre, die wunderbar gemütlich ist, obwohl sie vor Erotik knistert. Zweitens sollten Sie sich selbst liebevoll pflegen, damit Sie rundum entspannt sind. Und drittens wählen Sie in aller Ruhe den schönsten Blumenschmuck für den Tisch und exquisite Zutaten für das Liebesmahl. Dann werden Sie Ihren Liebsten gewiss fesseln – immer vorausgesetzt, er ist der Richtige.

Das Blau der Kornblumen steht für unsere geistigen Fähigkeiten. Der gewundene Kornblumenkranz soll Ihnen bei diesem Ritual helfen, nach innen zu blicken, ruhig zu werden und Ihre Stärken wieder zu finden.

Ritual für innere Ruhe

Dieses Ritual, das Sie am besten an zwei Tagen nacheinander durchführen, schenkt Ihnen innere Ruhe:

Besorgen Sie sich im Blumenladen einen Strauß Kornblumen, den Sie zu einem Kranz binden und aufsetzen. In die Mitte Ihrer Stirn, etwa fingerbreit über der Nasenwurzel, malen Sie mit Lippenstift – am besten zyklamfarben – einen kreisrunden Punkt. Dieser Punkt ist das »dritte Auge« und Sinnbild der inneren Schau. Auf dem Altar entzünden Sie drei goldfarbene Kerzen als Symbol der Göttin. Die Statue verbergen Sie ausnahmsweise unter einem weißen Seidentuch, damit die Kräfte nicht zu stark fließen. Breiten Sie die Arme aus, und verharren Sie mit geschlossenen Augen etwa fünf Minuten in dieser Stellung. Setzen Sie sich danach in einen bequemen Sessel zur Entspannung. Machen Sie dabei eine Reise durch Ihren ganzen Körper: Denken Sie sich auf ein schön geschmücktes Schiff, das Sie auf den inneren Strömen, Flüssen und Bächlein – den großen Adern, kleinen Blutgefäßen, der Lymphe und dem Wasser, das durch Ihren Organismus kreist – sicher durch alle Regionen führt. Wenn Sie nach 15 bis 20 Minuten Ihre Reise beendet haben, löschen Sie die Kerzen und nehmen ein Bad mit einem Ackerschachtelhalm-Extrakt. Behalten Sie dabei aber noch Kranz und »drittes Auge«, die Sie erst unmittelbar vor dem Schlafengehen wieder entfernen.

Borretsch-Gesichtsmaske

Einen Tag vor der trauten Zweisamkeit gönnen Sie sich eine Borretsch-Gesichtsmaske, die Ihre Haut glättet und schön zart hält. Falls Sie Ärger hatten, tragen Sie die Maske am Tag der Begegnung noch einmal auf. Auch die Schönheitspflege können Sie wie ein Ritual gestalten, damit die Kräuter noch intensiver wirken:

Stellen Sie viele rote Windlichter auf den Altar, denn diese Liebeslämpchen stimmen Sie auf die schönen Stunden ein, die vor Ihnen liegen. In Ihr Duftlämpchen geben Sie ein paar Tropfen Rosenöl, gemischt mit Lavendel – das hält die Motten von Ihrer Beziehung fern. Kein Scherz: Liebe braucht ständig frischen Wind, denn niedlich verpackt und sauber aufgeräumt bekommt sie rasch Löcher. Stellen Sie sich aufrecht mit ausgebreiteten Armen vor Ihren Altar, und denken Sie etwa fünf Minuten intensiv an Ihren Liebsten. Steigen Sie mit Gefühl und Gedanken gewissermaßen in ihn hinein – vergegenwärtigen Sie sich, wie er spricht, wie er lacht, wie er Sie ansieht und berührt. Dabei gewinnen Sie ein tiefes Verständnis, das Ihrer Begegnung und Ihrer ganzen Beziehung zugute kommen wird.

Danach mischen Sie die Maske: Im Hexenkessel bringen Sie 1 Tasse Wasser zum Brodeln. Inzwischen haben Sie mit Ihrem scharfen Hexenkräutermesser 2 Hand voll frische Borretschblätter fein zerkleinert. Die Blätter ins Wasser geben und 5 Minuten ziehen lassen. Durch ein Teesieb abgießen, 2 Esslöffel davon wieder in den Hexenkessel geben und kurz abkühlen lassen. Nun in einem

Schälchen 2 Teelöffel Mandelöl und 2 Esslöffel Buttermilch verrühren. Wenn Sie trockene Haut haben, nehmen Sie statt Buttermilch 2 Esslöffel Sahnequark. Im zweiten Schälchen lösen Sie 7 Gramm frische Bierhefe – mit der Brief- oder Diätwaage abwiegen! – in 2 Esslöffeln warmem Wasser auf. Die Mandelölmischung und die Hefe zum Borretschsud geben und gut vermischen. Die Maske rühren Sie nun über den Windlichtern noch einige Male ruhig und gleichmäßig durch. Dann mit einem weichen Pinsel auf Gesicht, Hals und Dekolleté verteilen. Legen Sie sich bequem zurück, und lassen Sie die Maske 10 Minuten einwirken. Mit einem weichen Tuch abnehmen und mit frischem warmem Wasser aus dem Hexenkessel sanft nachspülen. Ein Glas Rotwein oder dunkelroter Traubensaft beendet Ihre Schönheitspflege.

Das Liebesmenü

Und jetzt ist die Zeit für Ihr eigentliches Liebesmahl gekommen. Als Speisenfolge schlage ich Ihnen vor:

1. Liebescocktail aus Prosecco oder rotem Saft mit Erdbeersorbet
2. Paradiessalat mit Tomaten
3. Energy-Bällchen mit Zauberkräutern
4. Beeren der Venus: Beerensuppe mit Thymian und Orangenlikör
   oder frisches Obst der Jahreszeit

Für diese Gerichte brauchen Sie wirklich taufrische Zutaten, in denen noch alle guten Geister wohnen. Viel Erfahrung beim Kochen ist nicht nötig – es sind nämlich lauter raffinierte Genüsse, die auch Anfängerinnen in Sachen Kochkunst gelingen.

Liebescocktail

Für zwei Personen brauchen Sie 500 Gramm schöne Erdbeeren. Ein paar große, makellose Früchte legen Sie gleich beiseite – sie sind gewissermaßen der erste Liebespfeil, den Eros für Sie aus seinem Köcher zieht. Denn damit füttern Sie Ihren Prinzen, während Sie mit ihm gemeinsam in die Küche gehen, um den Liebescocktail zuzubereiten: Die restlichen Erdbeeren waschen, abzupfen und in kleine Stücke schneiden. 1 bis 2 Esslöffel Puderzucker und 1 guten Teelöffel echten Vanillezucker darüber streuen. Die Erdbeeren pürieren und ins Tiefkühlfach stellen, damit das Fruchtpüree bis zum Sevieren fest wird. Dabei müssen Sie es immer wieder kräftig mit einem Löffel durchrühren, um es geschmeidig zu halten. Jetzt kühlen Sie eine Flasche Prosecco. Wenn es dann soweit ist, füllen Sie zwei schöne, hohe Gläser mit je 1 Löffel Ihres Erdbeersorbets und gießen es mit dem Prosecco auf. Wichtig: Teilen Sie die Arbeit – überlassen Sie das Öffnen der Flasche Ihrem Traummann.

Jeans oder Minirock?

Sie wissen ja – die Farbe der Liebe und Erotik ist Rot, und zusammen mit dem geheimnisvollen Schwarz der Nacht gilt sie als geradezu männermordende Kombination. Nur: zu manchen Frauen passt das einfach nicht. Und manche fühlen sich in Jeans und Schlabbershirt nun mal wohler als in Minirock und knappem Top. Folgen Sie also auch hier der Devise der Kräuterhexen: Hören Sie auf Ihre innere Stimme, nicht auf die der anderen. Erobern Sie Ihren Mann, wie es Ihrer Persönlichkeit entspricht, und nicht, wie »frau« es anpacken sollte. Schließlich will er Sie kennen lernen, nicht irgendein weibliches Wesen.

Damit auch alles klappt, halten Sie sich beim Kochen an diese Reihenfolge:

1. Dessert zubereiten und zugedeckt im Kühlschrank ziehen lassen.
2. Paradiessalat mischen und zugedeckt in den Kühlschrank stellen.
3. Energy-Bällchen vorbereiten und braten.
4. Den Cocktail bereiten Sie erst zu, wenn der Liebste Ihre Schwelle überschritten hat – am besten gemeinsam in der Küche.

Paradiessalat

Für 2 Personen

1 großes Bund frische Petersilie * 2 mittelgroße Fleischtomaten
1 Prise Zucker * 100 g gekochte, geschälte Shrimps
1 unbehandelte Limette * Salz
frisch gemahlener Pfeffer * natives Olivenöl extra

Tomaten, in Österreich heißen sie so schön »Paradeiser«, sind die eigentlichen Paradiesäpfel.

1. Die Petersilie waschen und sehr gut trockenschütteln. Die Blättchen von den Stängeln zupfen und fein schneiden. Das ist wichtig, denn je feiner die Blätter, desto besser das Aroma.

2. Die Fleischtomaten waschen, abtrocknen und halbieren. Die Stielansätze entfernen, die Kerne mit einem Löffel herauslösen und mit den fein gehackten Petersilienblättchen in einem Schälchen mischen. Das Fruchtfleisch in kleine Stücke schneiden und den Zucker darüber streuen.

3. Die Shrimps kalt abspülen und trockentupfen. Die Limette waschen und abtrocknen. Etwa 1/4 Teelöffel Schale abreiben und dann den Saft auspressen. Die Shrimps mit Saft und Schale, Salz und Pfeffer kräftig würzen und alles gut mischen.

4. Den Salat auf zwei Portionstellern anrichten: Die Petersilie mit den Tomatenkernen als grünen Rasen auf die Teller legen und die Tomatenstücke darauf verteilen. Mit Salz und reichlich Pfeffer würzen. Die Shrimps auf die Tomaten geben und alles mit Öl beträufeln.

Servieren Sie Ihrem Liebsten nach dem Cocktail diesen feinen Salat, der ihn das Paradies erahnen lässt ...

Energy-Bällchen

Arbeiten Sie bei der Zubereitung der Energy-Bällchen ganz konzentriert, damit die Kraft, die in diesem Essen steckt, nicht verloren geht. Bärlauch, Ingwer und Knoblauch sorgen für den Energieschub, den Sie beide vermutlich gut gebrauchen können.

Für 2 Personen

1 Brötchen vom Vortag * 1–2 EL Semmelbrösel
250 g gemischtes Hackfleisch * 1/2 Bund frischer Bärlauch
1 Stück frischer Ingwer (4 cm lang)
2 Knoblauchzehen * 1 Ei
Salz * 1/2 TL gemahlener Koriander
1 reichliche Prise Cayennepfeffer * 3–4 EL Öl zum Braten

1. Das Brötchen in lauwarmem Wasser etwa 10 Minuten einweichen, gut ausdrücken und in einer Schüssel mit zwei Gabeln möglichst fein zerteilen. Die Semmelbrösel darüber steuen und das Fleisch zugeben. Alles mit der Gabel locker vermischen.

2. Nun sind die Hexenhandgriffe für die drei wichtigsten Zutaten des Gerichts an der Reihe: Bärlauch, Ingwer und Knoblauch. Den Hexenkessel mit reichlich frischem Quellwasser füllen und den Bärlauch behutsam, aber gründlich darin waschen.

3. Den Ingwer und den Knoblauch mit dem Schwert – Ihrem scharfen Hexenmesser – schälen und so fein wie möglich zerkleinern. Den Bärlauchblätter gut abtropfen lassen, einzeln auf ein Küchenbrett legen, der Länge nach in hauchfeine Streifen und dann quer ebenfalls fein schneiden. Reinigen Sie das Messer in dem Wasser, das Sie noch im Hexenkessel aufbewahrt haben, und gießen Sie es in die Vase zu Ihren Liebesblumen.

4. Bärlauch, Ingwer und Knoblauch zur Hackfleischmischung geben, das Ei hinzufügen und kräftig mit Salz, Koriander und Cayennepfeffer würzen.

5. Den Hackfleischteig mit einer Gabel oder den Händen gut verkneten. Mit angefeuchteten Händen etwa 12 kleine Bällchen aus dem Teig formen, im heißen Öl bei mittlerer Hitze rundherum schön knusprig braten und auf Küchenpapier abtropfen lassen.

6. Die Bällchen auf einen Teller legen und mit einem sauberen Tuch bedeckt im Kühlschrank etwa 2 Stunden ruhen lassen. Dann sind sie gut durchgezogen.

Verwenden Sie am besten Meersalz, denn alles Leben kommt aus dem Wasser.

Spinatcouscous

Kennen Sie einander schon besser, dürfen Sie auch die Gaben der Göttin Ceres genießen und zu den Energy-Bällchen eine Schüssel mit dampfendem Spinat-Couscous servieren:

Für 2 Personen
500 g frischer Blattspinat * gesalzene Butter
1 Knoblauchzehe * Salz * Kräuterpfeffer
3 Tassen Instant-Couscous * 2 EL natives Olivenöl extra

Wenn Sie zum ersten Mal für Ihren Traummann kochen, reichen Sie zu den Energy-Bällchen einfach lockeres Toskana-Landbrot oder französisches Baguette – eine weitere Beilage kostet zu viel Zeit. Außerdem soll der Mann sich ja nicht »festessen«, sondern mit Ihnen gemeisam die Göttin ehren – Aphrodite, versteht sich!

1. Den Blattspinat verlesen, waschen und in reichlich sprudelnd kochendem Salzwasser blanchieren, bis er intensiv grün ist. Abgießen, abtropfen lassen und fein zerkleinern.

2. In einem Stück gesalzener Butter eine geschälte und fein zerkleinerte Knoblauchzehe glasig dünsten. Den Spinat zugeben, kräftig erhitzen und mit Salz und Kräuterpfeffer würzen.

3. 3 Tassen Instant-Couscous nach Packungsaufschrift zubereiten, mit dem Spinat und dem nativen Olivenöl extra mischen, nochmals abschmecken und in einer heißen Schüssel anrichten.

Mit dem Spinatcouscous kommt ein Hauch Exotik in Ihr Liebesmahl, der die Erotik noch steigern dürfte.

Beerensuppe

Zum Abschluss des Liebesmahls gibt es Beerensuppe, wenn Sie Ihren Liebsten mit Ihren Kochkünsten beeindrucken wollen. Oder Obst, wenn Sie lieber mit Ihren anderen Fähigkeiten glänzen. Beide Nachspeisen belasten den Magen nicht und halten Sie fit für alles, was Sie an diesem Abend noch unternehmen wollen.

Für 2 Personen

100 g frische Himbeeren * 100 g rote Johannisbeeren
100 g Erdbeeren * 2 EL Gelierzucker
2 blühende Thymianzweige * 1/4 l roter Traubensaft
1 EL Orangenlikör * 1–2 TL Puderzucker

1. Die Beeren verlesen, waschen, mit dem Gelierzucker mischen und 15 Minuten ziehen lassen. Die Thymianzweige nur ganz kurz kalt abspülen und trockenschütteln. Die Spitzen mit den Blüten abzupfen und beiseite legen, die zarten Blättchen von den harten Stielen streifen.

2. Den Traubensaft zu den Beeren geben (lassen Sie sich nicht verführen, Rotwein zu nehmen – viel Alkohol ist der Feind der Liebesnacht). Die Beeren unter Rühren einmal kurz aufkochen und wieder abkühlen lassen.

3. Die abgezupften Thymianblättchen und den Orangenlikör untermischen und alles zugedeckt etwa 4 Stunden kühlen. Das Kühlen ist praktisch, weil Sie Ihr Liebesmahl ja vorbereiten wollen, um ganz viel Zeit zu haben. Es muss aber nicht sein: Wenn Sie zwischendurch Lust auf Süßes kriegen, löffeln Sie das Süppchen ruhig gleich im Bett. Im Übrigen bringt Zucker verbrauchte Energie rasch zurück.

4. Die Beerensuppe in tiefe Teller verteilen, mit dem Puderzucker bestreuen und mit den Thymianblüten garnieren. (Blüten müssen sein: Falls Sie das blühende Kraut nicht bekommen, nehmen Sie Gänseblümchen, Kapuzinerkresse oder Salbei. Alle sind essbar, steuern Aroma und Symbolik bei, wie Sie auf Seite 24, 27 und 40 nachlesen können).

Früchte der Unsterblichkeit

Likör würzt das feine Dessert. Sein Aroma aus den »Früchten der Unsterblichkeit«, wie die Orange seit Urzeiten heißt, soll Ihren Wunsch nach frisch-fröhlicher Zweisamkeit unterstützen: Ein Kranz aus Orangenblüten schmückt die Braut, und im alten China machte der Mann seiner Geliebten einen Heiratsantrag, indem er ihr eine Orange überreichte.

Beenden Sie Ihr Liebesmahl mit einem Dessert in Rot, das nicht schwer im Magen liegt. Die Farbe und das fruchtige Aroma sprechen unsere Sinne an und machen Lust auf noch mehr Sinnliches.

Frische Früchte
für schöne Stunden

Wenn Sie anstelle der Beerensuppe zum Abschluss lieber Obst servieren möchten, wählen Sie im Winter Granatäpfel, im Sommer Feigen. Denn beide Früchte stecken voller Erotik.

Granatapfel

Der Granatapfel soll der Apfel der Versuchung im Paradies gewesen sein. Und er war der Apfel, den der trojanischen Prinz Paris an die schönste Frau im Himmels- und Erdkreis zu vergeben hatte: Er reichte ihn der Liebesgöttin Aphrodite, die ihm dafür die begehrenswerteste Frau der Welt versprochen hatte. Tatsächlich bekam Paris die schöne Helena und verbrachte Jahre der Liebesleidenschaft mit ihr. Genießen Sie die starke Symbolkraft des Granatapfels, die Ihre traute Zweisamkeit wärmen und erleuchten wird.

Entscheidend für das Aroma des Granatapfels ist die Reife: Nehmen Sie nur Früchte mit glänzender dunkelroter bis violetter und schon leicht rissiger Schale.

Diese Frucht müssen Sie richtig servieren: Die Granatäpfel wie Orangen in zwei Hälften schneiden und jeweils über einem Schälchen ausdrücken, bis sie alle Kerne mit dem köstlichen Saft hergegeben haben. Die kleinen Trennwandstückchen zwischen den Kernen, die mit ins Schälchen gelangen, herausfischen, denn sie schmecken unangenehm bitter. Zum Schluss würzen Sie Ihr Dessert noch mit ein paar Tropfen Limettensaft und einigen grob zerkleinerten Pfefferminzblättchen.

Feigen

Auch Feigen sind mit dem Paradies verknüpft: Mit einem Feigenblatt bedeckten Adam und Eva ihre Nacktheit, als sie aus dem seligen Zustand der Unschuld vertrieben wurden. Seither ist die Feige Sinnbild der weiblichen Sexualität und ewig währender Lebenskraft: Die berühmte römische Wölfin soll Romulus und Remus unter einem Feigenbaum gesäugt haben. In der Bibel waren Feigen Symbole des Reichtums, der damals nur aus weiblicher Fruchtbarkeit entstehen konnte: Je mehr Kinder man hatte, desto mehr Arbeitskraft stand zur Verfügung und desto mehr Land konnte urbar gemacht werden. Je mehr weibliche Tiere ihre Jungen zur Welt brachten, desto mehr Besitz konnte man ansammeln, denn Tiere waren für Nomaden und Bauern äußerst kostbar – sie gaben Nahrung, produzierten durch ihren Dung Brennmaterial, zogen Pflug und Wagen, sorgten als edle Reittiere für Prestige. In der Antike war die Feige wegen ihres Nährwerts und ihrer Heilwirkungen sehr geschätzt und im gesamten Mittelmeerraum verbreitet.

Feigen haben allerdings auch einen negativen Aspekt – die obszöne Geste »eine Feige zeigen« ist allgemein bekannt und beleidigt uns Frauen. So sind die Früchte auch mit käuflicher Liebe und sexueller Erniedrigung verknüpft. Aber wir Kräuterhexen richten die Feigen so wunderbar appetitlich an, dass gar keine unguten Gedanken aufkommen können:

Die taufrischen Früchte waschen, vierteln und auf schöne bunte Teller mit einigen Sommerblüten legen: Hibiskus, eine Rose oder auch ein paar Kräuterblüten kommen dafür in Frage. Dazu legt man ein Viertel Limette, und überstäubt wird das Kunstwerk mit feinem Puderzucker. Wer mag, kann die Feigen auch schälen.

Liebesblumen

Denken Sie bei Blumen der Liebe nicht allein an Rosen. Die Königin der Blumen steht zwar für die Liebesgöttin Venus, die Morgenfrische der Göttin Eos und die Stärke der Freya – alles Symbole strahlender Weiblichkeit – aber wechseln Sie dennoch ab: Es gibt so viele Pflanzen, die von Liebe und Glück, von Leid und Verzicht erzählen, wie z. B. die drei Folgenden:

Efeu

Es heißt, dass er Tristan und Isolde gewidmet sei, einem der berühmtesten Liebespaare der Weltgeschichte. Ein Liebestrank hatte die beiden auf alle Zeiten miteinander verbunden, als Prinz Tristan die schöne Isolde an den Hof seines Onkels Marke, des Königs von Cornwall, brachte. Obwohl bald darauf Markes Frau, gab es für Isolde nie mehr einen anderen Mann als Tristan, und obwohl vom Hof verbannt, gab es für Tristan nie mehr eine andere Frau als Isolde. Und wie der Efeu eine Stütze benötigt, um sich in voller Kraft und Schönheit zu entfalten, brauchte auch die Königin ihren Geliebten, der Prinz seine angebetete Isolde. Wählen Sie deshalb Efeu für die Vase, kombiniert mit einem blühenden Zweig von Apfelbaum oder Kirsche, wenn Sie sich Ihrer Liebe sicher sind.

Geißblatt

Nach altem Hexenglauben träumt man von Liebe und Glück, vielleicht sogar vom Traumprinzen, wenn die Rankepflanze mit den rosaroten Blüten im Schlafzimmer duftet. Stellen Sie einen Geißblattzweig zur Sommersonnenwende in eine Vase, denn diese Nacht kann entscheidend für Ihre Zukunft sein.

Mistel

Die grünen Zweige mit den Beeren, die so milchig weiß wie edle Perlen wirken, sind Zauberpflanzen: Wenn ein schüchterner Mann plötzlich eine wildfremde Frau küsst, liegt das am Mistelzweig über der Tür, und eine Mistel, in der Christnacht geholt, sprengt alle Schlösser. Ein einziger Mistelzweig bringt Glück ins Haus, schützt Mensch und Tier vor Krankheiten, Feuer und anderem Übel. Und kennen wir nicht alle das kleine gallische Dorf, das die mächtigen Römer in Schach hält? Dass Miraculix, der Druide, weiß gekleidet, mit einer goldenen Sichel ausgerüstet auf den Baum steigt und die Misteln für sein Kraftsüppchen frisch schneidet, ist aus dem keltischen Leben gegriffen. Zwar haben uns die Kelten nichts Schriftliches hinterlassen, doch der römische Naturwisssenschaftler Plinius erzählt uns davon. Der Glaube an die gute Kraft der Mistel stammt ja von diesen kleinen Völkerstämmen mit dem großen Wissen, das uns weißmagische Hexen noch heute so beeindruckt: Ihnen galten Misteln als Symbol der Versöhnung und des Friedens. Mit dem Kuss an der Türschwelle unter der Mistel haben sie den Fremden als ihren Gast begrüßt und ihm Schutz in ihrem Haus gelobt. Misteln sind also genau richtig, wenn Sie den Mann Ihrer Träume zum ersten Mal einladen.

Efeu ist immergrün und trägt im Winter schwarze Beeren. Vorsicht, sie sind giftig!

Die Kräuterhexe warnt

Meiden Sie Misteln, wenn Sie sich Ihrer Liebe nicht sicher sind, vor allem wenn Sie ahnen, dass der Mann Ihrer Träume noch an eine andere Frau denkt, denn bei den Germanen sind Misteln auch mit der Vergänglichkeit verknüpft: Baldur, Gott des Frühlings, des Lichts und der Jugend, wurde durch einen Mistelpfeil getötet.

Mann der Träume
oder Träumereien vom Mann?

Manchmal geschieht es leider: Da ist uns der Mann begegnet, auf den wir schon immer gewartet haben, doch plötzlich kommen die Zweifel – ist er wirklich der Richtige? Hat er nicht bei der letzten Party mehr Blicke als nötig auf die Blonde mit den langen Beinen geworfen? Und überhaupt: Kommt er wirklich so gut bei unseren Freunden an, wie wir gehofft hatten?

Rittersporn symbolisiert in der weißen Magie den Mut.

Grübeln Sie nicht, handeln Sie, und führen Sie ein Ritual durch, das Klärung schafft! Damit Sie eine Beziehung mit Zukunft genießen können. Und falls Sie beim Ritual feststellen, dass Sie seinen Sexappeal mit erotischer Ausstrahlungskraft verwechselt haben – seien Sie nicht traurig. Rasch Bescheid wissen ist viel besser als lange leiden – auch in der Liebe.

Legen Sie zuerst die Hände mit den Handflächen nach unten auf Ihren Scheitel – er ist das Symbol für die Kraft der Gedanken und Entschlussfähigkeit. Nach etwa drei Minuten innerer Sammlung entzünden Sie auf Ihrem Altar zwei rote und eine hellblaue Kerze – rot für die Liebe, hellblau als Farbe des Himmels für Ihren weiten Horizont. Die Göttin schmücken Sie mit Rosen und Rittersporn – zu den Blumen der Liebe brauchen Sie ein Gegengewicht: Rittersporn stärkt Ihren Mut, denn es kann ja durchaus sein, dass Sie sich bei genauer Prüfung gegen die Beziehung entscheiden.
Brennen Sie drei Räucherstäbchen mit Pfirsichduft ab: Holz und Frucht des Baumes gelten als Schutz vor bösen Einflüssen, und gerade in Beziehungen lässt man sich ja häufig von Emotionen lenken, die mit Liebe nichts zu tun haben. Nach diesen Vorbereitungen reiben Sie Ihre Hände mit Olivenöl ein – der heilige Baum der Göttin Athena stärkt Ihren Geist. Denken Sie nun intensiv an Mann und Beziehung: Ist er wirklich »Ihr« Mann oder nur eine Notlösung? Was können Sie selbst tun, um mehr Schwung in die Sache zu bringen? Zum Abschluss des Rituals essen Sie ein Honigküchlein mit Fenchel (siehe nebenstehendes Rezept). Führen Sie dieses Ritual regelmäßig über sieben Tage oder so oft durch, bis sich Ihre Gefühle geklärt haben.
Ein Küchlein geben Sie auch Ihrem Liebsten zu essen, wenn Sie sich für Ihn entschieden haben. Denn jetzt müssen Sie eine tiefe Verbindung zu ihm schaffen. Den Rest der Küchlein essen Sie selbst – an vier aufeinander folgenden Tagen.
Haben Sie sich gegen ihn entschieden, erübrigt sich ein weiteres Ritual. Die Honigküchlein dürfen Sie aber trotzdem weiteressen …

Honigküchlein
mit Fenchel

Für 6 Stück

1 Hand voll Fenchelkraut * 250 g Mehl
1 TL Backpulver * 1 Messerspitze Salz
50 g Butter oder Pflanzenmargarine * 100 g Dickmilch
50 g Honig * 1 EL Fenchelsamen * 1 EL Sahne

1. Das Fenchelkraut sehr fein zerkleinern. Das Mehl mit Backpulver und Salz in einer Schüssel mischen. Das Fett in kleinen Stücken zugeben und alles mit den Knethaken des Handrührers zu einer krümeligen Masse vermischen.

2. Dickmilch, Honig, Fenchelkaut und -samen zugeben und alles zu einem glatten Teig verkneten. Den Backofen auf 220 °C (Umluft 200 °C, Gas Stufe 4) vorheizen.

3. Den Teig auf einer bemehlten Arbeitsfläche etwa 1/2 Zentimeter dick ausrollen. Mit einem Glas oder einer Tasse runde Küchlein von etwa 7 Zentimeter Durchmesser ausstechen und nebeneinander auf ein gefettetes Backblech legen. Die Teigreste wieder zusammenkneten, erneut ausrollen und ausstechen. Den Vorgang so oft wiederholen, bis der ganze Teig aufgebraucht ist.

4. Die Küchlein mit Sahne bestreichen, in den heißen Backofen (mittlere Schiene) schieben und in 12 bis 15 Minuten goldbraun backen. Auf dem Blech etwas auskühlen lassen, mit einem spitzen Messer vorsichtig ablösen und frisch servieren.

Fenchel erheitert den Menschen, sagt auch die große weise Frau des Mittelalters, Hildegard von Bingen.

Die Honigküchlein schmecken nicht nur verführerisch, sondern sind wesentlicher Bestandteil des Rituals, mit dem Sie Ihren Traummann erkennen können.

Rezepte der Schlanken und Schönen

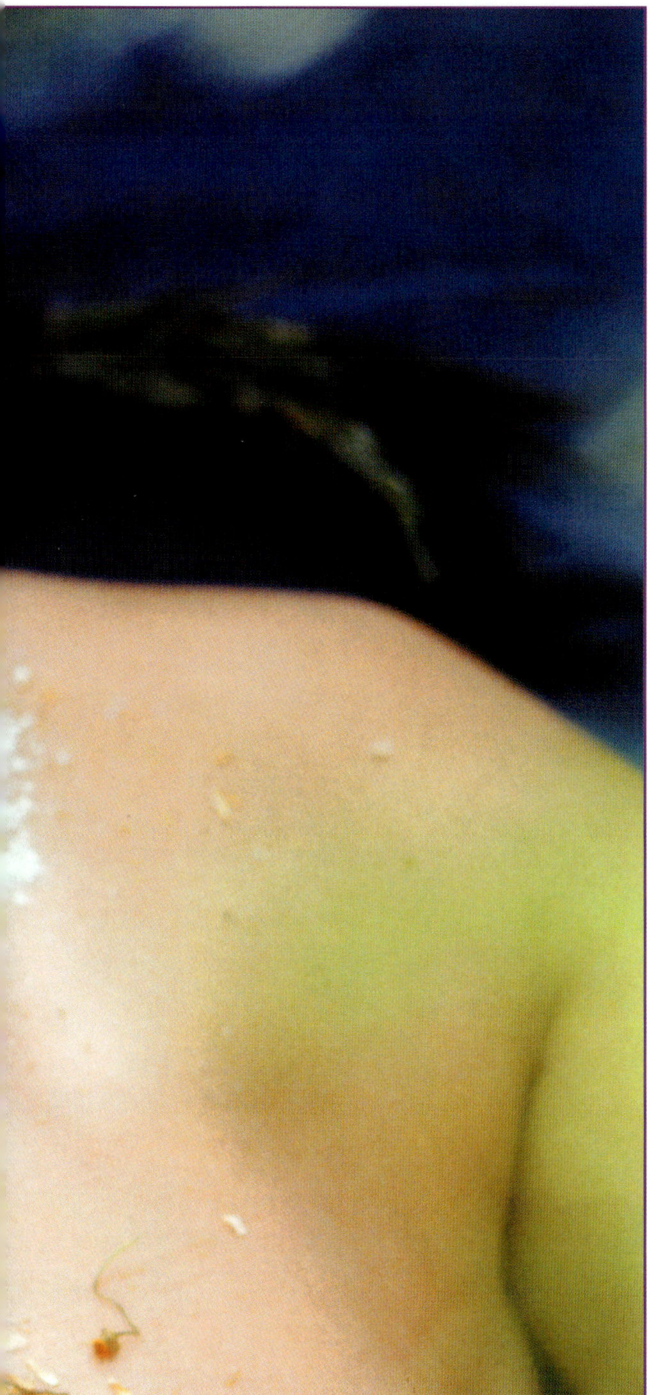

Mal ehrlich: Irgendwie hat die Traumfigur ja mit Magie zu tun – irgendwie sind Glanz im Haar, strahlende Augen und straffe Haut recht wundersame Geschenke, die nicht jede Frau mit auf ihren Lebensweg bekommen hat. Als kleine Mädchen haben wir Geschichten von schönen Prinzessinnen verschlungen oder mit Barbie gespielt, dem Prototyp aller Schlanken und Schönen. Vielleicht haben wir uns auch in die Welt von Pippi Langstrumpf begeben, die zwar nicht sonderlich attraktiv ist, aber – sie kann zaubern. In dieser Welt bleiben wir jetzt – mit der Kräuterhexe.

Ein Wochenende voller Magie

Nehmen Sie sich zwei Tage und dazu noch ein paar Stunden Zeit, um Ihr Wellness-Wochenende vorzubereiten. Denn Sie brauchen ein paar Zutaten, damit Sie richtig mischen und kochen können. Doch schon das Vorbereiten nimmt den Stress der vergangenen Tage und lenkt die ersten Schritte in die magische Welt der Pflanzen.

Die Waage sollte nicht der Gradmesser sein; ob wir uns in unserer Haut wohl fühlen, ist viel wichtiger.

Wohlfühlen heißt die Devise

Natürlich bietet auch die Hexe Ihnen keine Wunderdiät an – die gibt es in diesem Buch genauso wenig wie Rituale zu schwarzer Magie. Wir Kräuterhexen schaden niemandem – auch nicht uns selbst. Und jede Diät, die verspricht, dass über lange Zeit angefutterte Pfunde innerhalb weniger Tage purzeln, richtet Schaden an Körper und Seele an. Auch Schlankheitsenzyme und Superpillen arbeiten gegen die Natur und sind schädlich für die Gesundheit.

Trösten Sie sich: Jede Frau in jedem Alter hat etwas an ihrem Körper auszusetzen – selbst die viel beneideten Models, die das gegenwärtige Schönheitsideal repräsentieren. Doch wenn wir unsere Gesundheit pflegen und erhalten, stellt sich bald ein allgemeines Wohlgefühl ein. Wir fühlen uns in unserem Körper zu Hause, wir finden uns schön – auch mit ein paar Fältchen um die Augen, den ersten grauen Strähnchen, den Rundungen um Po und Hüften.

Schönheitstipps von der Kräuterhexe

Was Sie selber mixen können

Tee, Bäder, Masken, Essenzen und Kräuteröl für den Einmalgebrauch. Öl, Essig und Saucen für die Küche.

Was Sie lieber kaufen sollten

Alle Kosmetikpräparate, die Sie regelmäßig verwenden. Selbermixen bringt hier gar nichts und kann sogar mehr schaden als nützen. Denn erstens haben Pflanzen eine Menge Kraft, die man nur wohl dosiert anwenden darf. In fertigen Präparaten von hoher Qualität ist die Mischung fein genug abgestimmt, was nur fortgeschrittene Kräuterhexen schaffen, und für die ist dieses Buch nicht geschrieben. Zweitens müssen Sie Ihren Hauttyp erst kennen, und dafür brauchen Sie fachliche Beratung. Die Lieblingskräutercreme Ihrer Freundin schenkt deren Haut vielleicht die Samtheit eines Pfirsichs, während Sie nur rote Flecken davon bekommen. Besorgen Sie sich deshalb lieber in Reformhaus, Naturkostladen oder Apotheke die richtige Tages- und Nachtcreme, Körperlotion und Handcreme für die tägliche Anwendung – dann sind Sie auf der sicheren Seite.

Freitag: Die Vorbeitung

Zuerst besorgen Sie sich in der Apotheke oder im Reformhaus eine Tüte getrocknete Ringelblumen (etwa 20 Gramm) und je eine Packung Portionsbeutel mit Lindenblüten-, Fenchel- und Löwenzahntee. Im türkischen Supermarkt nehmen Sie eine Flasche Rosenwasser mit.

Hier kaufen Sie auch gleich für Ihre Wochenend-Schlemmerei ein: ein Schälchen Oliven – mit oder ohne Knoblauch, ganz wie Sie mögen –, eine Packung Instant-Couscous, eine Dose Kichererbsen und reichlich frische glatte Petersilie – die gibt es hier gewöhnlich in bester Qualität. Im Winter brauchen Sie außerdem eine Baby-Ananas, im Frühling zwei Loquats. Im Sommer wählen Sie Pfirsiche und im Herbst Weintrauben. Eine saftige Zitrone oder Limette, knapp 50 Gramm weicher Schafskäse und ein bis zwei prächtig reife rote Tomaten machen den Einkauf komplett.

Was sind Loquats?

Loquat, auch Nispero, Nespoli oder Nispola genannt, sind hellgelb bis tieforange, rundlich wie ein Apfel oder länglich wie eine Birne. Ihr angenehm süßsäuerliches Fruchtfleisch mit den braunen, bohnengroßen Samen, die wie Apfelkerne in der Frucht liegen, schmeckt wie eine Mischung aus Aprikose und Pflaume. Loquats gibt es von April bis Juni, wenn das Obstangebot noch recht bescheiden ist, denn in den mediterranen Anbauländern blühen die Bäume im Oktober, so dass die Früchte rechtzeitig im Frühjahr reif sind. Nehmen Sie große, reife Exemplare, möglichst mit ein paar dunklen Flecken auf der Schale. Kleine Loquats haben mehr Kerne als Fruchtfleisch, makellose Früchte können noch unreif sein.

Die Kräuter, die Sie für Ihre Schönheitstage brauchen, bekommen Sie im Asienladen, beim Gemüsehändler oder auf dem Markt: Pfefferminze, Bockshornklee, Koriandergrün. Dazu noch Senfkraut, Rauke oder Kresse – welches Sie nehmen, spielt keine Rolle, denn es kommt nur auf die aromatischen Senföle in diesen Kräutern an, und die sind in allen dreien enthalten.

Pflanzen zum Wohlfühlen

Vergessen Sie das Wichtigste nicht: einen schönen Strauß Blumen, den Sie nach Jahreszeit aussuchen. Im Frühling nehmen Sie z. B. Osterglocken als Sinnbild für die Kreativität in Gedanken und Taten, im Sommer ist ein dicker Strauß Wiesenblumen der richtige Schmuck – bunt und prall verheißt er die Erholung, die Ihnen das Wochenende schenken wird. Im Winter schmücken Sie Ihren Tisch mit grünen Zweigen und rotem Ilex. Die beiden Farben stehen für Hoffnung, Freude und Liebe – Gefühle, denen sich Ihre Seele öffnen wird.

Selbst gemachte Kosmetika sind nicht jeder Hexe Sache, Sie müssen ausprobieren, ob Sie damit klarkommen.

Gesichtswasser
und Körperlotion

Bereiten Sie zuerst das Gesichtswasser zu, das die Haut geschmeidig macht und für eine gute Durchblutung sorgt. Aus dem Gesichtswasser können Sie anschließend eine Körperlotion herstellen, die auf die gleiche Weise wirkt. Nach der Körperpflege verwöhnen Sie sich mit einem leichten, aber köstlichen Abendessen, das die Sinne anspricht und Ihnen obendrein noch wertvolle Mineralien und Vitamine liefert.

Decken Sie den Tisch wie für ein Fest: Ein lindgrünes Set oder Tischtuch mit Serviette, auf dem der Blumenstrauß den Mittelpunkt bildet, sorgt für sanfte Gedanken. Vier weiße Kerzen erinnern an die vier Elemente als Voraussetzung für alles Leben und die vier Säulen, auf denen nach altem Glauben das Himmelsgewölbe ruht. Die Farbe bedeutet Reinigung – und die wollen Sie durch diese Tage der inneren Ruhe erlangen.

Für das Gesichtswasser geben Sie 10 Gramm Ringelblumen in einen Topf und gießen 1 große Tasse kaltes Wasser dazu. Aufkochen und bei sanfter Hitze 30 Minuten köcheln lassen. Inzwischen den Rest der Blüten in zwei Tassen nicht zu kaltem Wasser einweichen. Die gekochten Blüten durch ein Sieb gießen, den Sud auffangen und mit den eingeweichten Blüten mischen. Die Flüssigkeit etwa 1 Stunde bei Zimmertemperatur zugedeckt stehen lassen, durchsieben, in ein Schraubglas geben und verschlossen in den Kühlschrank stellen.

Für die Körperlotion 2 Esslöffel Gesichtswasser mit 2 Esslöffeln Rosenwasser verrühren und mit dem Schneebesen 2 Esslöffel bestes natives Olivenöl extra unterschlagen, bis eine dickliche Creme entsteht. Die Lotion in ein zweites, sauberes Schraubglas füllen und gut verschlossen im Kühlschrank aufbewahren.

Abendessen

Anschließend bereiten Sie einen leichten, ausgewogenen und höchst delikaten Couscoussalat zu:

1. Das Couscous wie auf der Packung angegeben zubereiten. Für eine Portion ist etwa 1 Tasse Couscous genug – wenn Sie keine Probleme mit der Figur haben, darf es auch mehr sein. Aber lassen Sie noch Platz für die Früchte zum Dessert.

2. Das Couscous muss nun quellen, bis es schön weich und dick ist. Inzwischen hacken Sie ein paar Oliven grob, zerkrümeln den Schafskäse und schneiden die gewaschene Tomate in kleine Würfel. Kerne und Saft der Tomate aber auf keinen Fall wegwerfen – darin stecken eine ganze Menge Aroma und Wirkstoffe.

3. Lockern Sie nun das Couscous mit einer Gabel, und geben Sie Salz, frisch gemahlenen Pfeffer und etwa 1 Esslöffel Zitronen- oder Limettensaft zu. Dann kommen die Tomate, die gehackten Oliven und die zerkleinerten frischen Kräuter hinein – 2 Esslöffel dürfen es schon sein, wobei die Petersilie den Löwenanteil ausmachen sollte.

4. Mischen Sie knapp 1 Esslöffel Olivenöl unter, damit der Salat schön saftig wird. Richten Sie ihn auf einem großen Teller an, belegen Sie ihn mit dem Schafskäse und lassen Sie ihn kurz ruhen, damit sich die Aromen entfalten und verbinden können. Dann genießen Sie Ihr Essen – Bissen für Bissen. Und denken Sie daran: Sie haben Zeit! Keiner hetzt Sie, keiner will etwas von Ihnen – Sie dürfen, nein, Sie sollen sich sogar rundum wohl fühlen!

5. Nach dem Salat gibt es Obst: Denken Sie intensiv an die guten Substanzen, die Ihr Körper zur Regeneration braucht, und davon liefern Früchte reichlich. Waschen und zerkleinern Sie die Früchte so, wie Sie sie am liebsten essen. Wer mag, kann sie auch schälen, notwendig ist es nicht. In der Schale sitzen häufig sogar wertvolle Substanzen, die unser Immunsystem unterstützen. Würzen Sie Ihr Dessert noch mit ein paar Tropfen Limettensaft und einigen grob zerkleinerten Pfefferminzblättern – das regt den Stoffwechsel an und fördert die Verdauung.

Ein Gesichtswasser aus Ringelblumenblüten macht die Haut zart und geschmeidig und sorgt für eine gute Durchblutung.

Träumereien zur Entspannung

Nach dem Essen brauchen Sie keinerlei Ablenkung durch Geräusche, Geruch oder Bewegung. Verzichten Sie auf die CD mit esoterischer Musik, auf Duftlämpchen und flackernden Kerzenschein. Dämpfen Sie nur das Licht mit dem Dimmer, setzen Sie sich auf Ihr Lieblingsplätzchen und lassen Sie Ihre Gedanken schweifen – das ist eine gute Vorbereitung auf Meditation. Denn beim Spiel im Garten Ihrer Phantasie werden Sie ganz leicht finden, was besonders wichtig für Sie ist: Ein Ereignis des nun fast vergangenen Tages, eine ungelöstes Problem oder eine schwierige Entscheidung, die ansteht. Wenn Ihre Gedanken immer wieder dort landen, müssen Sie sich damit beschäftigen.

Totale Faulenzertage sollte man sich immer wieder mal – und ganz ohne schlechtes Gewissen – gönnen. Man kehrt dann viel gelassener in den Alltag zurück.

Versuchen Sie ein Bild dafür zu finden – die »drohende« Entscheidung kommt Ihnen vielleicht vor wie eine Bergtour, die Sie ganz unvorbereitet antreten sollen. Bleiben Sie bei diesem Bild, und schmücken Sie es aus wie einen Film, dessen Regisseurin ganz allein Sie sind: Wohin geht die Tour denn? Über einen Gipfel ins nächste Tal? Auf einen Gletscher? Oder auf einen felsigen Gipfel? Überlegen Sie nun, was Sie als sinnvolle Ausrüstung brauchen: Nur gute Schuhe oder Kletterseil und Haken? Genügt Ihnen ein Kompass, oder brauchen Sie richtige Karten? War schon mal jemand vor Ihnen da, oder dürfen Sie den Ruhm der Erstbesteigung einheimsen? Brauchen Sie Begleiter, oder gehen Sie allein? Vertiefen Sie sich in Ihren eigenen »Film« – Sie werden sehen, dass sich die Unruhe vor der Entscheidung ganz allmählich auflöst, denn Schritt für Schritt ordnen Sie spielerisch leicht Ihre Gedanken. Begrenzen Sie Ihren »Film« jedoch auf maximal eine Stunde. Dann ist es Zeit zum Schlafengehen.

Entspannungsmaske

Wenn Sie noch zu angespannt waren und den »Film« nicht drehen konnten, lassen Sie Ihre Gedanken lieber bis morgen ruhen, und mischen Sie sich stattdessen eine Entspannungsmaske. Lassen Sie einfach die Seele baumeln, Ihre Gedanken treiben, und Sie werden dabei herrlich entspannen.

Etwa 5 Gramm frische Rosmarinnadeln von den Stielen zupfen und waschen. Einen kleinen Apfel schälen, vierteln, vom Kerngehäuse befreien und sofort mit dem Rosmarin und 1 Teelöffel frisch gepresstem Zitronensaft pürieren. Die Mischung mit 2 Esslöffeln Honig verrühren, auf dem Gesicht verteilen, etwa 15 Minuten einwirken lassen und mit lauwarmem Wasser abspülen. Die Haut mit einem weichen Tuch sanft abtrocknen und wie gewohnt für die Nacht eincremen.

Samstag: Zweiter Tag

Gleich nach dem Aufstehen gönnen Sie sich eine Entspannungsdusche: Lassen Sie erst lauwarmes und langsam heißer werdendes Wasser über Ihre Nackenwirbel laufen – hier sitzt ein zentraler Nervenknotenpunkt. Spüren Sie dem wohligen Gefühl nach, das sich in Ihrem Körper ausbreitet. Dann die Haut mit einem weichen Frotteetuch sanft trockentupfen und 1 bis 2 Esslöffel Ihrer selbst zubereiteten Lotion einmassieren. Gehen Sie den Tag langsam an: mit einer Tasse Lindenblütentee und einem halben Stündchen Ruhe. Wer mag, liest die Morgenzeitung, hört Musik oder lässt einfach die Gedanken schweifen. Freuen Sie sich auf den neuen Tag, der ganz Ihnen gehört!

Frühstück

Heute gibt es ein Knusper-Obst-Müsli, denn Knusperflocken und Joghurt machen satt und versorgen Sie für die nächsten Stunden mit allen wichtigen Nährstoffen. Dazu trinken Sie Tee mit Kamillenblüten; Kaffee oder schwarzer Tee sind an Ihrem Wellness-Wochenende tabu. Decken Sie den Tisch mit einer sonnengelben Serviette – der kräftige Farbklecks verstärkt die Strahlen unseres Tagesgestirns, und das tut der Seele wohl.

1 EL beliebige Nusskerne * 2 EL kernige Flocken (Hafer, Weizen oder Dinkel) * 1 TL Butter * 1 kleine Birne
1 kleiner Apfel * 1–2 EL frisch gepresster Orangensaft
2–3 EL Joghurt * 1 EL beliebige Konfitüre * 2 schöne Minzeblättchen

1. Die Nüsse hacken und mit den Flocken in der Butter bei schwacher Hitze leicht anrösten. Lassen Sie sich Zeit dabei, denn die Substanzen der Zutaten sollen sich beim sanften Erhitzen verbinden.

2. Birne und Apfel schälen, vierteln, vom Kerngehäuse befreien und würfeln. Mit dem Orangensaft locker mischen und in ein Schälchen geben. Zuerst die Nüsse, dann den Joghurt darauf verteilen, mit einem Klecks Konfitüre garnieren. Die Minze waschen, trockenschütteln, in feine Streifen schneiden und darüber streuen. Dazu trinken Sie den Lindenblütentee.

Raus ins Freie

Grüßen Sie bei dem anschließenden Spaziergang das Licht mit einem Lied, das Sie schon als Kind gerne gesungen haben, oder mit einem das Ihnen gerade in den Sinn kommt. Schmettern Sie es ruhig, so laut Sie mögen – das befreit, kräftigt die Lungen und macht Sie fröhlich.

Im Park suchen Sie sich eine lauschige Bank oder einen schönen, bequemen Platz auf der Wiese (Decke nicht vergessen!), im Wald lassen Sie sich auf dem weichen Moos nieder. Werden Sie ganz ruhig, und achten Sie auf die Geräusche der Natur: Hören Sie den Wind in den Bäumen und das Zirpen der Grillen? Erkennen Sie verschiedene Vogelstimmen? Lassen Sie den Blick schweifen, und betrachten Sie die Pflanzen in Ihrer Nähe. Nehmen Sie alles tief in sich auf.

Wahren Sie den Respekt vor der Natur, und pflücken Sie nur Pflanzen, die Sie zum Kennenlernen wirklich bestimmen wollen. Selbst ein gedankenlos abgezupfter Grashalm wird ja ohne Sinn und Zweck von Mutter Erde getrennt.

Welcher Baum sind Sie?

Sehen Sie sich bei Ihrem Spaziergang mal genau um: Jeder Baum ist ein Individuum wie wir – es gibt heitere und schwermütige, zarte und klobige, verträumte und solche, die ihre Zweige nach »Was-kostet-die-Welt«-Art nach oben recken. Vergleichen Sie einmal eine Eiche mit einer Birke, entdecken Sie den Unterschied zwischen Haselnuss und Holunder, oder setzen Sie sich unter eine Linde oder einen Apfelbaum – Sie werden staunen, welche Gefühle sich in Ihnen regen, wenn Sie innerlich gesammelt sind. Und dann werden Sie Ihren Baum entdecken und lieben lernen. Immer waren Bäume die Zuflucht der Menschen: Früher umschlangen liebessehnsüchtige junge Mädchen den Stamm ihres Baumes und kamen getröstet zurück, und werdende Mütter suchten ihn auf, wenn die Geburtswehen einsetzten.

Mittagessen

Sicher sind Sie hungrig, wenn Sie nach etwa zwei Stunden wieder nach Hause kommen. Für das Mittagessen kochen Sie zuerst eine Kräuterbrühe. Wenn Sie die Zubereitung als Ritual gestalten, aktivieren Sie dabei Ihre eigene Kraft, die sich mit der Energie der Kräuter verbindet. Sie brauchen:

- Ihren Altar oder ein Brett
- 1 Messer mit scharfer Klinge – das Schwert
- 1 schöne, flache Schale – den Zauberkelch
- 1 Edelstahltopf – den Hexenkessel
- 1 sauberes weißes Tuch – Serviette oder Küchentuch
- je 2 Tropfen natives Olivenöl extra und bestes Kürbiskernöl
- je 1 Beutel Lindenblüten-, Fenchel- und Löwenzahntee
- je 1 Hand voll Petersilien-, Rauke- und Bockshornkleestängel
- je 1 Töpfchen grobes Meersalz und weiße Pfefferkörner
- 1 unbehandelte Zitrone

1. Weihen Sie zuerst Ihre Werkzeuge, falls Sie die Utensilien nicht ausschließlich für die Magie verwenden: Legen Sie den Altar oder das Brett parallel zu Ihrem Körper so auf die Arbeitsfläche, dass seine Mitte und Ihr Mittelpunkt, also der Bauchnabel, genau übereinstimmen. Das Messer legen Sie an die obere Kante des Bretts mit dem Griff nach rechts. Der Topf nimmt den Mittelpunkt der Bretts ein, das Schälchen steht davor.

2. Träufeln Sie das Olivenöl und Kürbiskernöl auf das blütenweiße Tuch und betupfen damit Altar, Kelch und Kessel an drei Punkten in Form eines gleichseitigen Dreiecks. Das Schwert berühren Sie am oberen Ende (der Messerspitze), dann am unteren Ende (dem Heft) und schließlich in der Mitte (der Klinge). Nun hat sich die Magie der heiligen Pflanzen Olive und Kürbis aus Alter und Neuer Welt auf Ihre Werkzeuge übertragen, und Ihre Arbeit wird unter einem guten Stern stehen.

3. Füllen Sie Ihren Hexenkessel mit 300 Milliliter Wasser – die Dreizahl gehört unbedingt zum Ritual –, und lassen Sie es richtig brodelnd kochen. Fügen Sie die Teebeutel hinzu, und nehmen Sie den Kessel von der Kochstelle.

4. Während der Sud zieht, widmen Sie sich den frischen Kräutern:
Die Stängel so auf den Altar legen, dass die Blätter genau mit der Spitze des Messers abschließen. Nun zerkleinern Sie die Kräuter so fein wie möglich. Doch bitte keinesfalls hacken – das zerstört die lebenden Zellen und verschwendet den wertvollen Lebenssaft der Pflanzen. Geben Sie die Kräuter in den Zauberkelch, fügen Sie 1 kräftige Prise Meersalz und 30 Pfefferkörner hinzu und mischen Sie alles mit der Messerspitze. Halten Sie eine Minute inne, und richten Sie Ihre Gedanken auf die Kräuter, die Sie verwendet haben, um Ihr Inneres mit den Pflanzenelfchen zu verweben.

5. Die Zitrone vervollständigt den Zauber: Im tiefgrünen Laub der Bäume hängen gleichzeitig zarte, weiße Blüten, hellgrüne – noch unreife – und leuchtend gelbe, reife Früchte. Schneiden Sie ein großes Stück Schale von der Frucht, und geben Sie es in den Kelch zu den Kräutern. Entfernen Sie nun die Teebeutel aus dem Sud, fügen Sie den Inhalt des Kelches zu, und lassen Sie ihn etwa 10 Minuten ruhen.

6. Inzwischen sammeln Sie erneut Ihre Gedanken und beginnen mit der Reinigung Ihrer Werkzeuge: Wischen Sie das Messer mit dem Tuch so ab, dass die scharfe Seite von Ihrem Körper abgewandt ist. Dann reinigen Sie auch den Kelch und zum Schluss den Altar. Nun messen Sie von dem fertigen Kräutersud im Kessel etwa 1/8 Liter für das Kicherbsencurry ab.

Die Zitrone für die Kräuterbrühe sollten Sie nicht gleich wegwerfen, sondern die Ellenbogen etwa zehn Minuten lang in die Hälften stützen. Die Haut danach mit einem feuchten Waschlappen abreiben und mit einer leicht fetthaltigen Kräutercreme eincremen. Das macht harte Stellen weich.

Kichererbsencurry

Für 1 Person
1 kleine Zwiebel * 1 kleine fest kochende Kartoffel
1 TL Chiliöl oder Olivenöl mit etwas Cayennepfeffer * 1/2 TL gemahlene Gelbwurz (Kurkuma)
Salz * 1/4 TL Zucker * 2 EL Kokosmilch (Dose) * 1/8 l Kräuterbrühe (siehe Seite 118)
1 große Tomate * 1 kleine Dose Kichererbsen (Abtropfgewicht 140 g)
je 3 kleine Stängel Koriandergrün, Pfefferminze und Senfkraut
1 TL Orangenöl oder Olivenöl * 1 TL Butter * 1 TL Orangensaft

Dieses Kichererbsencurry, das mit nur einem Gewürz, aber dafür mit dem Kräutersud und drei weiteren frischen Kräutern zubereitet wird, ist ganz authentisch, denn auch indische Frauen mixen ihr »Garam masala« selber – mit den frischen Samen und Blättern der Würzpflanzen.

1. Die Zwiebel abziehen und fein hacken. Die Kartoffel waschen, schälen und in etwa 1 Zentimeter große Würfel schneiden.

2. Das Chiliöl bei mittlerer Hitze nicht zu heiß werden lassen und die Zwiebel darin hellbraun anbraten. Die Kartoffelwürfel und das Gelbwurzpulver zugeben und 1 bis 2 Minuten anbraten. Mit Salz und Zucker würzen.

3. Die Kokosmilch und die abgemessene Kräuterbrühe nach und nach unterrühren, alles aufkochen und zugedeckt bei schwacher Hitze 5 Minuten garen.

4. Inzwischen die Tomate vorbereiten. Wenn sie wirklich reif ist, kann man sie gleich abziehen. Andernfalls die Tomate mit kochendem Wasser übergießen und kurz darin ziehen lassen, bis sich die Haut löst.

5. Die Tomate halbieren, in Scheiben schneiden und mit den abgetropften Kichererbsen zum Currygericht geben, erneut aufkochen und zugedeckt bei schwacher Hitze weitere 5 Minuten garen, bis die Kartoffeln weich sind.

6. Die Kräuterblätter und -zweige kurz waschen, trockenschütteln und fein schneiden. Das Orangenöl mit der Butter leicht erhitzen, bis die Butter zerlaufen ist. Die Kräuter zugeben und unter vorsichtigem Rühren bei schwacher Hitze einige Minuten sanft schmoren, bis sie duften. Orangensaft zugeben, die Mischung kurz unter das Curry rühren und sofort servieren, damit alle Düfte und Aromen erhalten bleiben.

7. Essen Sie wieder ganz konzentriert, und kauen Sie jeden Bissen bewusst. Beim Curry trägt jedes Kraut eine andere Geschmacksnuance, und die können Sie am besten so »erschmecken«, dass Sie die Kraft der Würze in sich aufnehmen.

Genießen Sie das Kichererbsencurry an Ihrem Verwöhn-Wochenende mit allen Sinnen.

Abendessen

Etwas Leichtes steht am Abschluss dieses Tages: Kräutercocktail mit Ei-Gurken-Bruschetta.

1. Kochen Sie zuerst ein Ei hart. Nach dem Abschrecken wird es gepellt und fein zerkleinert. Mischen Sie die saure Sahne mit 2 Esslöffeln Joghurt, und geben Sie so viel frisch gehackte Kräuter dazu, wie Sie mögen (für Ihre morgige Schönheitsmaske nur je 1 Esslöffel Petersilie und Minze übrig lassen). Mit Salz und Pfeffer, ein paar Tropfen Zitronen- oder Limettensaft und 1 Teelöffelchen bestem Öl abschmecken.

Nach diesem entspannenden Wochenende werden Sie sich wieder wohler und ruhiger fühlen und mit Energie und Tatendrang in die neue Woche starten. Aber Vorsicht! Gehen Sie die Dinge gelassen an, und denken Sie an Ihr schönes Hexenwochenende, wenn es ganz dick kommen sollte.

2. Für die Bruschetta schneiden Sie das Baguettebrötchen in Scheiben, die Sie rösten – entweder im Backofen oder im Toaster. Inzwischen würfeln oder raspeln Sie 1 1/2 Gurken.

3. Auf die knusprige Bruschetta kommen nun erst 1 Esslöffel Kräutercocktail, dann ein paar Gurkenscheibchen und zum Schluss das Ei. Wenn Sie nachwürzen wollen – möglichst nur mit grobem Pfeffer.

4. Zur Bruschetta trinken Sie am besten Mineralwasser mit ein paar Tropfen Zitronensaft. Lassen Sie sich nach dem Abendessen Zeit, bis Sie angenehm müde sind und sich nach Ihrem weichen, warmen Bett sehnen.

Sonntag

Den folgenden Tag beginnen Sie mit einer Maske:

Schönheitsmaske

Den Rest des Joghurts mit je 1 Esslöffel fein zerkleinerter Petersilie und Minze mischen und 1 kleinen Esslöffel Honig unterrühren. Wenn Sie Weizen gut vertragen und die Maske fester werden soll, geben Sie noch 1 bis 2 Teelöffel weißes Mehl zu. Alles gut verrühren und mit einem weichen Pinsel auf Gesicht und Dekolleté verteilen. Lehnen Sie sich entspannt zurück, und lassen Sie die Maske etwa 10 Minuten einwirken. Dann gehen Sie duschen und pflegen das Gesicht wie gewohnt mit Ihrer Tagescreme. Für den Körper gönnen Sie sich die Kräuterlotion.

Erlaubt ist, was gut tut!

Nach dem geruhsamen Frühstück – am besten wieder Müsli und Tee (siehe Seite 117) – gestalten Sie den Tag nun nach Belieben: Mit Schmökern und/oder Musik im Sessel, einem Besuch bei Ihrer Freundin oder mit einer Radtour. Nur eines dürfen Sie nicht: sich zu irgendetwas zwingen. Wenn wir uns wohl fühlen, wollen wir meist sofort wieder etwas schon lange Aufgeschobenes erledigen. Aber damit machen Sie nur die Ruhe Ihres schönen Wochenendes kaputt und gehen dementsprechend gestresst wieder in den Alltag zurück. Tun Sie, was Ihnen Spaß macht!

Einkaufsliste für Ihr Wochenende

20 g getrocknete Ringelblumen
je 1 Packung Portionsbeutel mit Lindenblüten-, Fenchel- und Löwenzahntee
1 Flasche Rosenwasser, 1 Schälchen Oliven
1 Packung Instant-Couscous
1 Dose Kichererbsen
reichlich frische Kräuter: Petersilie, Rosmarin, Minze, Bockshornklee, Koriandergrün, Senfkraut, Rauke oder Kresse
frisches Obst (1–2 Orangen, 1 Baby-Ananas oder 250 g Weintrauben oder 2 Loquats bzw. Pfirsiche), 1 kleine Birne, 1 kleiner Apfel
2 Zitronen oder Limetten
2–3 große Tomaten, 2 Mini-Gurken
50 g Schafskäse (Fetakäse)
1 Dose Kokosmilch (Dose), 1 Ei
1 Becher Joghurt (150 g)
1 Becher saure Sahne (100 g)
1 Baguette-Brötchen
gemahlene Gelbwurz (Kurkuma)
Butter, Olivenöl und andere Ölsorten
Salz und grobes Meersalz
Pfeffer und Pfefferkörner, Zucker
Kartoffeln, Zwiebeln, Nüsse und Getreideflocken
beliebige Konfitüre, Honig, Mineralwasser

Für die Schönheitsmaske verwenden Sie Naturjoghurt, Petersilie, Minze und Honig. Das erfrischt die Haut und lässt Sie strahlend aussehen.

Erfolgsrezepte und mehr

Manch einer hat so viel Glück, dass man neidisch werden könnte. Beim Erfolg ist das etwas anders, denn dafür muss man schon selbst etwas leisten. Denken Sie positiv, visualisieren Sie genau, was Sie erreichen möchten, und setzen Sie es mit voller Energie in die Tat um. Auf diesem Weg helfen Ihnen die magischen und kulinarischen Erfolgsrezepte auf den nächsten Seiten weiter. Köstlichkeiten für die Erfolgsfeier und andere schöne Anlässe finden Sie hier ebenfalls.

Durch Stärke zum Erfolg

Wir modernen Hexen vertrauen auf uns selbst und bauen auf die Kraft der Kräuter in allen schwierigen Lebensphasen. Mit einem »Power-Ritual« oder »Kraftfutter« für Geist und Körper ziehen wir uns wieder hoch.

Gewöhnlich mangelt es uns Kräuterhexen nicht gerade an Tatendrang. Schließlich schenkt uns die große Göttin ein Stückchen ihrer Macht, spenden uns Pflanzenelfchen und gute Erdgeister eine Menge Kraft. Trotzdem gibt es Phasen im Leben, wo wir schlapp machen – wie Kräuter nach ein paar heißen Sommertagen einen erfrischenden Regenguss brauchen, müssen auch wir dann wieder auftanken. Wenn unser Selbstwertgefühl aufgrund von schlimmen Erlebnissen gelitten hat, reagieren wir oft depressiv auf neue Anforderungen, ziehen uns in unser Schneckenhaus zurück und gehen jeder Begegnung mit anderen aus dem Weg.

Am Anfang steht die Sonne

Beginnen wir mit dem Auftanken – dafür brauchen Sie kräftige Sonnenpflanzen wie Ringelblume, Johanniskraut, Lavendel, Majoran und Rosmarin. Alle stärken Ihre Seele und versorgen Ihr Herz mit mehr Energie – als würden Sie nach ein paar Stunden in klammen, feuchten Räumen ein Sonnenbad nehmen, das Sie angenehm wärmt.

Ergänzen Sie dann mit Merkurpflanzen, die Ihre neu gewonnene Vitalität unterstützen: Anis, Wacholder und Vogelmiere (siehe Seite 45), dem Wildkraut mit so viel Power, dass es rund ums Jahr grünt und sogar blüht. Mit einem Vogelmiere-Salat werden auch Sie wieder so richtig »durchgrünen« – egal welche seelisch-geistigen Dürrezeiten Sie überstehen mussten.

Ritual für innere Stärke

Breiten Sie eine weiße Decke mit goldenen Fäden auf ihrem Altar aus – Gold steht für Götter, Könige und die hohe, weißmagische Hexenkunst –, und stellen Sie ein Schälchen mit Lavendelblüten in die Mitte. Im Dreieck um das Schälchen platzieren Sie drei violette Kerzen als Symbole Ihrer starken Weiblichkeit. Die Kerzen bestreichen Sie mit Johanniskrautöl: Geben Sie jeweils zwei Tropfen davon auf Zeigefinger und Daumen Ihrer rechten Hand, und ölen Sie die Kerzen von der Mitte nach unten. So verbinden Sie Ihren Geist mit Mutter Erde.

Wünsche visualisieren

Schreiben Sie Ihren Wunsch für Kraft und Regeneration mit goldener Tinte auf ein Blatt Papier – am besten als Gedicht – und legen Sie es in den Hexenkessel. Entzünden Sie nun die Kerzen, und setzen Sie sich in einem bequemen Stuhl vor den Kessel, schließen Sie die Augen und visualisieren Sie Ihren Wunsch. Beachten Sie dabei alle Aspekte, damit Sie sich richtig in Ihr Innerstes einfühlen können, das so dringend eine Aufmunterung braucht.

Nach etwa 10 Minuten führen Sie eine Räucherung durch: entweder mit Räucherstäbchen oder in der Räucherschale auf Räucherkohle mit 1/4 Teelöffel getrocknetem Basilikum und zwei zerdrückten Wacholderbeeren. Löschen Sie die Räucherung nach 5 Minuten, öffnen Sie das Fenster und legen Sie beide Hände mit den Handflächen nach oben leicht gekrümmt wie Schalen auf Ihren Schoß. Lassen Sie dabei den Atem ruhig fließen. Beenden Sie das Ritual, indem Sie in die Mitte Ihrer Stirn etwa zwei Finger breit über der Nasenwurzel einen Tropfen Lorbeeressenz tupfen. Die Lavendelblüten lassen Sie im Schälchen trocknen, um sie dann in ein Duftsäckchen zu füllen (siehe Seite 126).

Sonnen-Erfrischungsessenz

Legen Sie 1 Hand voll frische Lorbeerblätter auf Ihren Altar, die Sie mit Ihrem scharfen Hexenmesser fein zerkleinern. Arbeiten Sie dabei sehr konzentriert, und denken Sie an die Kraft der Lorbeerpflanze (siehe Seite 33). Dann den Hexenkessel mit 2 Tassen frischem Quellwasser füllen und das Wasser zum Kochen bringen, bis es richtig brodelt. Die Blätter hineinstreuen und 10 Minuten ziehen lassen. Die Flüssigkeit durch ein feines Sieb gießen, in ein sauber gespültes Schraubglas geben und gut verschlossen im Kühlschrank aufbewahren, damit die Kraft nicht verloren geht. Betupfen Sie die Schläfen damit, wenn Sie sich gestresst fühlen.

Wenn Sie eine schnelle Erfrischung brauchen, geben Sie 2 bis 3 Esslöffel der Essenz in eine Schüssel, und gießen Sie mit kühlem oder lauwarmem Wasser auf. Dann baden Sie einige Minuten lang Hände, Arme, Ellenbogen oder auch die Füße darin. Hinterher mit klarem Wasser nachspülen und gut abtrocknen!

Kraftimbiss

Ein Salat aus Vogelmiere ist ein Kraftimbiss, den Sie vor der Hauptspeise, dem Kraftpfännchen (siehe Seite 126), zu sich nehmen sollten:

1. Füllen Sie den Hexenkessel mit reichlich lauwarmem frischem Quellwasser, und geben Sie 2 Esslöffel frisch gepressten Zitronensaft sowie 2 Hand voll Vogelmiere hinzu, die Sie sanft, aber gründlich im Wasser bewegen, vorsichtig herausnehmen und auf einem Sieb gut abtropfen lassen. Die Blätter zusätzlich mit einem weichen Tuch trockentupfen, mit dem Hexenmesser grob zerkleinern und in eine Schüssel geben.

2. Nun pressen Sie den Rest der Zitrone aus, ziehen 1 Knoblauchzehe ab und zerdrücken sie mit der breiten Seite des Messers so fein wie möglich. Verrühren Sie Saft und Knoblauch mit Salz in einem Schälchen, und geben Sie eine gute Portion weißen, frisch gemahlenen Pfeffer dazu. Zum Schluss schlagen Sie mit einem Schneebesen 2 bis 3 Esslöffel natives Olivenöl extra darunter – gerade so viel, wie der Zitronensaft aufnimmt.

3. Geben Sie dieses Zitronendressing über die Vogelmiere, fügen Sie 1 bis 2 Teelöffel frisch zerkleinerte Petersilie hinzu und genießen Sie Ihren Salat nun langsam und in aller Ruhe.

Vogelmiere, die mit den Nelken verwandt ist, stärkt das Selbstbewusstsein und die Fähigkeit, sich selbst besser zu behaupten.

Rosmerta – Göttin der Fürsorge

Bevor Sie sich nun dem Rest Ihrer Mahlzeit widmen, denken Sie an Rosmerta, die keltische Göttin der schützenden Fürsorge. Ihre Begleiterin war die Hirschkuh, ein scheinbar sanftes Tier, das sich in ein wildes Wesen verwandelt, sobald es sein Junges verteidigt. So sollten auch Sie reagieren, wenn jemand Ihnen zu nahe tritt und Sie verletzen will.

Die Wirkung des Lavendelsäckchens können Sie bei Bedarf mit ein bis zwei Tropfen Lavendelöl auffrischen.

Ein Pfännchen voll Kraft

Zusätzliche Kraft können Sie mit der folgenden Hauptmahlzeit tanken, deren Energie vom Gemüse und von dem Sonnenkraut Majoran kommt.

1. 100 Gramm Rinderfilet waschen, trockentupfen und in feine Streifen schneiden. 5 bis 6 Stiele Majoran ganz fein zerkleinern. 2 Lauchzwiebeln putzen, waschen und in dünne Ringe schneiden. Das saftige Zwiebelgrün nicht wegwerfen, sondern mitverwenden.

2. 3 lange, flache grüne Bohnen, 2 Stiele frischen Mangold und 1 kleinen Spross Brokkoli ebenfalls waschen, putzen und in kleine Stücke schneiden: Die Bohnen und den Mangold schräg schneiden, damit die Oberfläche möglichst groß ist und beim Braten viel Aroma freigibt. Den Brokkoli teilen Sie in Stiel und Röschen. Den Stiel schälen und würfeln, das Röschen ganz nach Wunsch in kleinere Stücke schneiden.

3. In einer großen Pfanne 1 Esslöffel Olivenöl erhitzen und alles Gemüse kräftig darin anbraten. Die Hitze darf die ersten beiden Minuten ruhig groß sein, denn Sie brauchen ja Kraft. Nun den Majoran, Salz und frisch gemahlenen Pfeffer zugeben und den Deckel auf die Pfanne legen. Das Gemüse sollte nun bei schwacher Hitze möglichst im eigenen Saft garen. Sobald es gerade eben bissfest ist, auf einen vorgewärmten Teller geben und warm halten, bis das Fleisch gebraten ist.

4. Dafür 1 Esslöffel Öl in der Pfanne erhitzen und das Fleisch bei starker Hitze kräftig bräunen und rasch garen. Das Gemüse wieder zufügen, alles gründlich mischen und dabei den Bratensatz vom Fleisch ablösen. Nach Wunsch können Sie 1 bis 2 Esslöffel Brühe zugeben. Alles mit Salz und Pfeffer abschmecken und mit einem schönen Stück Brot, körnigem Reis oder frisch gekochten Pellkartoffeln genießen.

Duftsäckchen mit Lavendel

Vor wichtigen Tagen braucht man guten Schlaf, und da ist ein Duftsäckchen gerade richtig:

Besorgen Sie sich in einem Stoffgeschäft Baumwollbatist (etwa 25 mal 15 Zentimeter), und nähen Sie daraus ein Säckchen, das Sie an einer Seite offen lassen. Füllen Sie es mit den Lavendelblüten, die Sie nach Ihrem Ritual getrocknet haben. Dazu kommen noch zu gleichen Teilen Melisseblätter und Hopfenblüten – ebenfalls selbst getrocknet oder fertig gekauft. Dann schließen Sie die letzte Naht und versehen Ihr Duftsäckchen nach Wunsch mit einer hübschen Borte oder einem farbigen Bändchen: himmelblau oder zartrosa für guten Schlaf. Das Duftsäckchen legen Sie etwa zwei Stunden vor dem Schlafengehen auf Ihr Kopfkissen und behalten es auch in der Nacht so nah wie möglich bei sich.

Neue Stärke tanken

Sicher kennen Sie Tage, an denen Sie scheinbar grundlos traurig, reizbar oder missgelaunt sind – oft sind es ja »die Tage«. Dann müssen Sie Ihre Weiblichkeit stärken und viel Grünes essen, denn das grüne Chlorophyll brauchen die Pflanzen ebenso zum Leben wie wir Menschen unser Blut.

Damit Sie richtig auftanken können, planen Sie das Essen am besten zu zweit – laden Sie Ihre beste Freundin ein. Ein Ritual ist nicht nötig, denn schon der gemeinsame Genuss gibt Ihnen wieder Power. Machen Sie es sich lieber gemütlich – mit einem Gläschen trockenem Sherry oder Weißwein, knusprig frischem Brot, einem knackigen grünen Salat, schönen Blumen und einem feinen Gericht mit Tintenfisch, das Ihnen neue Stärke gibt:

Tintenfisch
mit frischem Grün

Bei diesem Rezept sollten Sie alle Schritte sehr konzentriert durchführen. Denken Sie an sich und an Ihren Bauch – halten Sie nach jedem Arbeitsgang kurz inne, und schließen Sie die Augen. Vielleicht fühlen Sie sich nun, als würden Sie in einem wohlig warmen See mit Seerosen treiben – dann ist es richtig. Bei starker Verspannung stellt sich dieses Gefühl gewöhnlich erst nach dem Essen ein.

Für 2 Personen

1 kleine Limette * 4 Zweige frische Zitronenmelisse
2 frische Lorbeerblätter * 200 g küchenfertige frische Tintenfische
2 schöne, große Champignons * 2 saftige grüne Lauchzwiebeln
4 EL natives Olivenöl extra * Salz * Pfeffer * grüner Pfeffer

1. Die Limette waschen, trocknen, mit einem scharfen Messer längs halbieren und in Achtel aufschneiden. Das Teilen der Länge nach ist wichtig, denn nur so verströmt die Frucht all ihren Saft.

2. Zitronenmelisse und Lorbeerblätter kurz unter fließendes kaltes Wasser halten und mit einem weichen Tuch abtupfen. Ein paar Wassertröpfchen sollten an den Kräutern haften bleiben, denn darin liegt Lebenskraft.

3. Die Blättchen der Kräuter abzupfen und in möglichst feine Streifen schneiden. Beim Schneiden werden die ätherischen Öle der Kräuter freigesetzt, die Ihnen Kraft schenken. Die Stiele der Melisse lassen Sie ganz, um den Kontakt mit Mutter Erde nicht zu zertrennen.

4. Die Tintenfische waschen, auf einem Sieb abtropfen lassen und in kleine Stücke oder Streifen schneiden. Die Champignons mit einem feuchten, weichen Tuch abputzen, längs halbieren und vierteln.

5. Zum Schluss die Lauchzwiebeln vorbereiten, die wirklich taufrisch mit saftigen, grünen Röhren und zarten Würzelchen sein müssen: kurz waschen, trockentupfen, putzen und mit einem scharfen Messer schräg in Scheibchen schneiden.

6. 2 Esslöffel Öl in einer Pfanne erhitzen und Lauchzwiebel, Pilze und Lorbeerblätter darin bei mittlerer Hitze unter ständigem Wenden braten, bis die Zwiebel glasig und weich ist. Mit Salz und Pfeffer würzen und auf vorgewärmte Teller geben.

7. Das restliche Öl in der Pfanne erhitzen. Die Tintenfischstücke und Melissenstiele zugeben und bei starker Hitze unter ständigem Wenden braten, bis der Tintenfisch weiß ist. Den Tintenfisch zu den Zwiebeln geben, die Melissenstiele nun wegwerfen. Alles mit Limettensaft beträufeln und mit Salz und dem zerdrückten grünen Pfeffer würzen. Die restlichen Limettenstücke und die Melisseblättchen neben den Tintenfisch legen und jeden Bissen damit würzen.

In der chinesischen Heilküche gilt die Lauchzwiebel als einer der wichtigsten Energiespender, denn sie verbindet den Menschen mit der Erde, auf der er stehen, und mit dem Himmel, nach dem er streben sollte.

Die Macht des Erfolgs

Wenn Sie einen großartigen Erfolg planen, müssen Sie richtig loslegen – wählen Sie deshalb feurige Marsgewächse, die gewissermaßen Ihre Waffen schärfen: Senf, Brennnessel und Wegerich. Ob Sie dann den souveränen Jupiter, den zähen Saturn oder noch einmal den listigen Merkur brauchen, entscheiden Sie selbst. Wie auch immer – kümmern Sie sich gleichermaßen um Schönheit, Gesundheit und gute Ernährung: Wer sich rundherum wohl fühlt, hat immer die besten Chancen.

Lassen Sie sich ein wenig helfen bei Ihren Erfolgsplanungen, von Pflanzen, die bestimmten Planeten zugeordnet sind. Süße, aromatische Erdbeeren beispielsweise gehören zu den Jupiterpflanzen, die wiederum für Souveränität stehen.

Ritual für Erfolg im Beruf

Wenn es um den nächsten wichtigen Schritt auf der Karriereleiter geht, können Sie dieses Ritual durchführen:

Schmücken Sie Ihren Altar mit einem Obstkorb – Sinnbild des mütterlichen Schoßes, der uns unser ganzes Leben lang schützt und stärkt. In ein Schälchen vor die Statue der Göttin geben Sie ein paar Safranfäden, und in die Vase stellen Sie einen bunten, dicken Strauß Löwenmäulchen: Wir Frauen haben zu lange gehört, dass wir still sein sollen, wenn wir Erfolg haben wollen, doch damit ist – der Göttin sei Dank – seit einigen Jahrzehnten Schluss. Deshalb brauchen Sie auch unbedingt den Safran: Das edelste Gewürz und zugleich eine schöne Blume, ist Symbol für inneren Reichtum und Macht. Legen Sie dazu einen Gegenstand, der Ihren Beruf charaktiersiert – er sollte so treffend wie beim »Beruferaten« sein. Die Wahl dieses Gegenstandes wird Ihre Phantasie positiv befruchten.

Nun lassen Sie Ihren Atem ruhig fließen; achten Sie dabei auf tiefes Ein- und Ausatmen, denn das stoppt die innere Unruhe vor wichtigen Ereignissen. Ob Sie dabei vor dem Altar stehen oder ob Sie bequem liegen oder sitzen, spielt keine Rolle. Sie müssen sich nur wohl dabei fühlen. Zum Abschluss des Rituals nehmen Sie ein Bad mit Minzeextrakt und trinken dazu grünen Tee, denn Minze löst Verkrampfungen und grüner Tee wirkt belebend, ohne die Nerven zu erregen. Lassen Sie Ihre Gedanken während des Bades ruhig schweifen.

Kraftbad

Für ein Bad, das Kopf und Herz verbindet, brauchen Sie ätherisches Öl von Bergbohnenkraut. Geben Sie 5 Tropfen davon ins Badewasser, das 37 °C nicht übersteigen sollte – sonst werden Sie schlapp statt ruhig.

Die Pflanzen der Planeten

- Jupiterpflanzen sind aromatisch, oft süß, und viele davon tragen fetthaltige Früchte: Mandeln, Haselnüsse und Oliven, Kirschen, Feigen und Erdbeeren. Unter den Kräutern gehören die Liliengewächse Schnittlauch und Bärlauch sowie Oregano dazu.
- Dem Saturn gewidmet sind Pflanzen mit intensivem Aroma: Kümmel und Selleriekraut oder Nachtschattengewächse wie Tomaten und Kartoffeln, aber auch Giftpflanzen wie Schierling und Drogen wie Hanf.
- Als vitale Merkurpflanzen gelten im Bereich der Kräuter Vogelmiere, Anis und Wacholder, als Schmuckpflanze die Akelei sowie Holunder, der schmückt und schmeckt.

Kraftsüppchen
mit Safran

Essen Sie die Suppe am Abend vor dem wichtigen Ereignis: Im Mittelpunkt steht der Safran, der Ihr Ritual schon unterstützt hat. Kürbis und Lauchzwiebeln bauen die Energie auf und stärken den Magen – gut gegen das flaue Gefühl, das sich im Bauch einstellt, wenn man unter Leistungsdruck steht. Grüner Pfeffer und Senfkraut geben die Dosis Schärfe, die man bei wichtigen Verhandlungen braucht.

Für 1 Person

100 g gelbes Kürbisfruchtfleisch * 1 kleine Lauchzwiebel
1 EL Olivenöl * 1 große Messerspitze Safranfäden
1/4 l Hühnerbrühe * Salz * 1/2 TL grüner Pfeffer
1 Hand voll Senfsprossen oder -blättchen

Wählen Sie scharfe Senfblättchen, wenn Sie sich bei Ihrem geplanten Erfolg gegen eine Rivalin oder einen Rivalen durchsetzen müssen, wenn Sie gemobbt werden oder eine schwierige Auseinandersetzung mit Ihrem Partner bevorsteht.

1. Den Kürbis in kleine Stücke schneiden. Die Lauchzwiebel putzen, waschen und mit allen saftigen grünen Blättern schräg in dünne Ringe schneiden. Beide Zutaten langsam im mäßig heißen Öl anbraten. Achten Sie auf die richtige Hitze: Alle Zutaten, die Sie verwenden, stecken schon voller Kraft. Bei zu großer Kochtemperatur verpufft ein Teil davon ungenutzt.

2. Den Safran sanft zwischen den Fingern zerreiben und über die Zutaten im Topf streuen. Kurz mitschmoren und dabei das Umrühren nicht vergessen, damit sich alles gut verbindet.

3. Die Hühnerbrühe dazugießen, aufkochen lassen und zugedeckt bei schwacher Hitze etwa 10 Minuten kochen. Es darf auch länger sein, wenn Sie die Suppe so sämig mögen, dass man sie schlürfen kann. Dann nehmen Sie Ihr Kraftsüppchen wirklich mit allen Sinnen auf.

4. Die Suppe umrühren oder pürieren. Zum Schluss mit Salz, dem zerdrückten grünen Pfeffer und den Senfsprossen oder -blättchen würzen.

Zum Essen entzünden Sie die Kerzen Ihres Rituals erneut. Danach, wenn Sie Ihr Kraftbad nehmen, stellen Sie sie so auf, dass Sie in die Flammen blicken können – das schafft Konzentration und Entspannung. Lassen Sie die Kerzen brennen, bis Sie zu Bett gehen!

Nach dem Genuss dieses köstlichen Kraftsüppchens sollte eigentlich nichts mehr schief gehen – solange Sie ganz fest an sich und Ihren Erfolg glauben.

Ritual zur Feier des Erfolgs

Die germanische Göttin Fulla, Begleiterin der Götterkönigin Freya, hütete deren Schatztruhe, und diese schöne Frau ehren wir Kräuterhexen, wenn wir einen Erfolg feiern. Dabei denken wir an die wunderbaren Schätze in unserem Innern, die uns den Erfolg ermöglicht haben: Stärke und Ausdauer, Können und die Fähigkeit zur Kommunikation.

Für Holundersekt oder Holunderbowle sollten Sie nur ganz frisch geerntete Blütendolden verwenden.

Um Fulla zu danken, stellen Sie zwei Verbenen (Eisenkraut) und eine Hundsrose in eine hohe Vase. Dann zünden Sie vier sonnengelbe Kerzen an – eine für jede der Säulen, auf denen das Himmelsgewölbe ruht. Mit dem Zauberstab berühren Sie nun nacheinander die Blüten und danken der Göttin der Fülle für Ihren Erfolg. Wenn Sie gemeinsam mit anderen feiern, fassen Sie einander bei den Händen und singen zusammen ein Lied – es spielt keine Rolle, welches es ist, nur fröhlich sollte es sein. Denn die Freude, die Sie empfinden, muss aus Ihnen strömen wie klares Wasser aus einer Quelle. Zum Abschluss des Rituals stoßen Sie mit selbst gebrautem Holundersekt an.

Holundersekt

Sie müssen etwa vier Wochen einplanen, bis der Sekt fertig vergoren und schön quirlig ist – genau wie Sie, wenn Sie jetzt Ihren Erfolg freudig genießen möchten.

Sammeln Sie etwa 50 frische, schön aufgeblühte Holunderdolden (siehe Seite 90), die Sie portionsweise in kaltes Wasser mit Zitronensaft legen – das vertreibt die Insekten aus den duftenden Blüten.

Verrühren Sie inzwischen in einem großen Steinguttopf 5 Liter abgekochtes Quellwasser mit 1/4 Liter bestem Apfelessig und 400 Gramm feinem Zucker, bis sich der Zucker vollkommen aufgelöst hat. Nun waschen Sie 3 Limetten und schneiden sie der Länge nach in dünne Schnitze, die Sie mit den Holunderblüten zur Zuckerlösung geben.

Bedecken Sie den Topf locker mit einem Tuch, und lassen Sie den Holunderansatz eine Woche an einem warmen, luftigen Platz stehen, dabei ab und zu umrühren, sonst aber möglichst nicht bewegen.

Nehmen Sie nach sieben Tagen die Blüten und Limettenstücke aus dem Topf, und gießen Sie die Flüssigkeit durch ein feines Mulltuch in sauber gespülte Sektflaschen. Achtung: Der Sekt braucht Platz, deshalb die Flüssigkeit nur bis zum Ansatz des Flaschenhalses einfüllen! Verschließen Sie die Flaschen mit Korken und Draht, und lassen Sie den Sekt kühl und dunkel etwa drei Wochen liegen, bis sich die Kohlensäure gebildet hat.

Holunderbowle

Wenn Sie schneller anstoßen möchten, brauen Sie eine Holunderbowle: Die Blütendolden waschen und portionsweise in kaltes Wasser mit Zitronenwasser legen. Dolden herausnehmen, mit dem Saft von 2 Limetten in ein Bowlengefäß geben und mit 1 Flasche lieblichem Weißwein auffüllen. Die Bowle zugedeckt etwa 4 Stunden ziehen lassen. Zum Servieren mit 2 Flaschen eiskaltem Sekt, Prosecco oder Cava und 1 Flasche kaltem Quellwasser auffüllen.

Erfolgshäppchen
zum Sekt

Diese Mini-Muffins sind ruckzuck fertig und schmecken lauwarm am besten.

Für 6–8 Personen
12 Stück getrocknete Tomaten, in Öl eingelegt * 5 frische Salbeiblättchen
125 g Weizenvollkornmehl * 75 g feines Maismehl
1 TL Backpulver * 250 g Buttermilch * 1 kleines Ei
2 EL Pesto (Glas) * Salz * Cayennepfeffer
Butter zum Einfetten

1. Den Backofen auf 220 °C (Umluft 200 °C, Gas Stufe 5) vorheizen. Die Tomaten abtropfen lassen, den Salbei waschen und trockentupfen. Beide Zutaten fein zerkleinern.

2. Beide Mehlsorten mit dem Backpulver mischen und mit der Buttermilch glatt rühren. Tomaten, Salbei, Ei, Pesto, wenig Salz und eine kräftige Prise Cayennepfeffer untermischen.

3. Ein Muffinblech mit 24 kleinen Mulden fetten und den Teig in den Mulden verteilen. Die Muffins in den heißen Backofen schieben (mittlere Schiene) und in knapp 20 Minuten goldbraun backen.

Für die Erfolgshäppchen können Sie statt der getrockneten Tomaten auch schwarze Oliven oder fein gehackte Sardellenfilets unter den Teig mischen.

Wenn alles geklappt hat, dürfen Sie feiern – mit Ihren Freunden, Sekt oder Champagner und diesen wunderbar herzhaften Mini-Muffins.

Grüner Kuchen

Für 6 Personen

8 Scheiben TK-Blätterteig (ca. 370 g) * 1/2 TL getrocknete Kräuter der Provence
1/2 TL Fenchelsamen
500 g gemischtes grünes Gemüse wie Porree, Rosenkohl, Weißkohl, Wirsing und Grünkohl (geputzt gewogen)
1 kleine Zwiebel * 2 EL Sonnenblumenöl
2 EL Gemüsebrühe (instant) * Salz
1 EL eingelegte grüne Pfefferkörner * 1 großes Ei * 3 EL Crème fraîche
100 g weiße Weintrauben (Muskat, Regina oder Italia) * 60 g weicher Schafskäse

Im Sommer verwenden Sie für den Kuchen natürlich andere Gemüsesorten: Blattspinat oder Mangold, grüne Bohnen und Paprikaschoten passen sehr gut zusammen.

1. Die Blätterteigplatten nebeneinander legen und auftauen lassen. Die Kräuter und die Fenchelsamen im Mörser möglichst fein zerreiben. Das geputzte und gewaschene Gemüse fein zerkleinern. Die Zwiebel abziehen und fein würfeln.

In ihm steckt die ganze Energie des Sommers: Der Grüne Kuchen wird Ihnen sowohl zu zweit als auch mit Freunden schmecken.

2. Das Öl in einer Pfanne erhitzen und die Zwiebel darin bei schwacher Hitze glasig dünsten. Das Gemüse zugeben und kurz mitbraten. Die Kräutermischung und die Brühe zugeben, mit Salz und den zerdrückten Pfefferkörnern würzen und alles zugedeckt bei mittlerer bis schwacher Hitze etwa 15 Minuten garen.

3. Inzwischen das Ei mit der Crème fraîche verrühren. Die Trauben waschen oder nach Wunsch abziehen. Die Früchte halbieren und die Kerne entfernen. Den Schafskäse (Feta) zerkrümeln.

4. Den Backofen auf 200 °C (Umluft 180 °C, Gas Stufe 3) vorheizen. Die Blätterteigplatten so in eine kalt ausgespülte Springform von 26 Zentimeter Durchmesser geben, dass sie an den Rändern übereinander liegen. Den Teigboden mit einer Gabel mehrmals einstechen und das abgekühlte Gemüse und die Trauben darauf verteilen. Die Eiercreme darüber gießen und mit dem Schafskäse bestreuen.

5. Den Kuchen in den heißen Backofen schieben (mittlere Schiene) und etwa 30 Minuten backen. Den Grünen Kuchen aus der Springform lösen, in Stücke schneiden und heiß oder lauwarm servieren.

Sonnenküchlein

Dieses Traditionsgebäck aus üppigem Hefeteig mit Butter, Eiern, Mandeln und Rosinen schneiden Sie zu Kreisen und beschöpfen es beim Frittieren ständig mit Fett. Dann plustern sich die Küchlein richtig auf. Wer sie nicht süß, sondern als Beilage zum Salat essen will, lässt Zucker und Rosinen weg und würzt den Teig stattdessen mit klein geschnittenen getrockneten Tomaten und fertig gekauften Pizzakräutern.

Für 14 Stück

500 g Mehl * 1/2 Päckchen frische Hefe (ca. 20 g)
200 ml warme Milch * 1 TL Zucker
50 g Butter * 1 Prise Salz
1 TL abgeriebene unbehandelte Zitronenschale
2 zimmerwarme Eier * 50 g Mandelstifte
75 g Rosinen * Mehl zum Ausrollen
750 g Butterschmalz, Kokosfett oder Öl zum Frittieren
50 g feiner Zucker * 2 TL Zimtpulver

Abgeriebene Zitronenschale enthält ätherische Öle, die vielen Kuchenteigen die nötige Frische verleihen.

1. Das Mehl in eine Schüssel geben und eine Mulde hineindrücken. Die Hefe in die Mulde bröckeln und mit 2 Esslöffeln Milch, dem Zucker und etwas Mehl vom Rand verrühren. Den Vorteig zugedeckt bei Zimmertemperatur 15 Minuten ruhen lassen.

2. Die Butter in der restlichen Milch zerlaufen lassen. Den Vorteig mit dem gesamten Mehl verrühren. Die Milch-Butter-Mischung, Salz, Zitronenschale und die Eier zufügen. Alles mit den Knethaken des Handrührgeräts durchrühren, bis der Teig Blasen wirft und sich vom Schüsselrand löst. Die Mandeln und Rosinen mit einem Kochlöffel untermischen. Den Teig zugedeckt etwa 45 Minuten gehen lassen, bis sich sein Volumen etwa verdoppelt hat.

3. Die Arbeitsfläche mit Mehl bestäuben. Den Teig noch einmal mit den Händen kräftig durchkneten, etwa 1/2 Zentimeter dick ausrollen und mit einer Tasse zu Kreisen ausschneiden. Die Kreise auf bemehlte, angewärmte Küchentücher legen und und zugedeckt bei Zimmertemperatur weitere 15 Minuten ruhen lassen.

4. Das Fett zum Frittieren erhitzen. Es ist heiß genug, wenn an einem ins Fett gehaltenen Holzkochlöffel Bläschen aufsteigen. Die Sonnenküchlein nacheinander darin backen: Jeweils so in das Fett gleiten lassen, dass die Seite, die auf dem Tuch aufgelegen hatte, nach oben zeigt. Mit einer Schöpfkelle heißes Fett darüber gießen, bis sich das Küchlein aufbläht und schön bräunt, wenden und auf der anderen Seite goldbraun backen.

5. Die gebackenen Küchlein auf Küchenpapier abtropfen lassen und heiß mit einer Mischung aus Zimt und Zucker bestreuen. Gerade eben abgekühlt servieren.

Lichtnahrung

Für 4 Personen

2 Eier * 50 g frische Brunnenkresse * 2 Hand voll frischer Kerbel
2 Kästchen Kresse * 50 g Walnusskerne * 1/2 Bund Schnittlauch
2 EL milder Weißweinessig * 1 TL scharfer Senf
Salz * frisch gemahlener Pfeffer
6 EL Olivenöl * 2 EL grob geraspelter Parmesankäse

Dieser frische Salat speichert die Energie der ersten Frühlingssonnenstrahlen – schließlich wächst Brunnenkresse am Wasser, sprießt Kerbel zeitiger als anderes Grün, steuert Kresse warmes ätherisches Öl bei und geben uns Eier alle Lebenskraft, die unsere Welt seit Urzeiten erfüllt.

1. Die Eier in 8 bis 10 Minuten hart kochen, kalt abschrecken, pellen und halbieren.

2. Die Brunnenkresse verlesen, waschen und die Blättchen von den Stielen zupfen. Nur die ganz dicken, hohlen Stiele entfernen, alle anderen mitverwenden. Den Kerbel waschen, trockenschütteln und grob zerkleinern. Die Kresse mit der Küchenschere aus den Kästchen schneiden. Alle Kräuter locker mischen und auf Portionstellern verteilen.

3. Die Walnusskerne grob hacken. Den Schnittlauch waschen, trocknen und in feine Röllchen schneiden. Beide Zutaten über die Kräuter streuen.

4. Den Essig mit Senf, Salz und Pfeffer verrühren und das Öl mit einer Gabel nach und nach unterschlagen. Die Vinaigrette über den Salat geben. Die Eier auf die Salatportionen legen und den Parmesan darüber streuen. Dazu Baguette oder frisch getoastetes Bauernbrot servieren.

Am 2. Feburar feiern die Hexen den Sieg des Lichts über die Nacht mit Kerzen und mit Lichtnahrung.

Valentins Liebestorte

Für 16 Stücke
Teig:
150 g weiche Butter * 100 g Zucker * 1 EL abgeriebene unbehandelte Orangenschale
1 EL Rum * 5 Eier * 150 g gemahlener Mohn * 200 g Mehl
1/2 Päckchen Backpulver * Fett für die Form
Füllung und Garnierung:
300 g süße Sahne * 1 EL Zucker * 100 g Erdbeerkonfitüre * 100 g gemahlene Walnusskerne
200 g Vanillecreme mit Sahne (aus der Kühltheke) * je 100 g Krokant (Fertigprodukt) und Raspelschokolade

Noch wirkungsvoller wird die Torte, wenn Sie sich dafür eigens eine Herz-Kuchenform mit etwa 1,5 Liter Inhalt kaufen und ein Liebesherz backen.

1. Den Backofen auf 180 °C (Umluft 160 °C, Gas Stufe 2) vorheizen. Die weiche Butter, den Zucker, die Orangenschale und den Rum mit den Quirlen des Handrührgeräts etwa 1/2 Minute schaumig rühren. Nacheinander die Eier unterrühren.

2. Den Mohn, das Mehl und das Backpulver mischen, zugeben und alles zu einem cremigen Teig verrühren.

3. Eine Springform von 26 Zentimeter Durchmesser einfetten. Den Teig einfüllen, in den heißen Backofen (zweite Schiene von unten) stellen und etwa 50 Minuten backen. Den Tortenboden im geöffneten, abgeschalteten Ofen noch 5 Minuten stehen lassen, herausnehmen und in der Form etwa 10 Minuten ruhen lassen. Aus der Form lösen und auf einem Kuchengitter ganz abkühlen lassen.

4. Die Sahne mit dem Zucker steif schlagen. Den Tortenboden zweimal waagerecht durchschneiden. Den unteren Boden mit der Erdbeerkonfitüre (siehe Seite 139) bestreichen und mit den Nüssen bestreuen. Etwa 1/3 der Schlagsahne darauf glatt streichen. Den zweiten Boden darauf legen, mit der Vanillecreme bestreichen und mit dem dritten Boden abdecken.

5. Die Torte rundherum mit der restlichen Schlagsahne bestreichen und mit dem Krokant und der Raspelschokolade bestreuen.

Überraschen Sie Ihren Liebsten zum Valentinstag mit einer Liebestorte.

Mohnbrötchen

Diese herzhaften Mohnbrötchen passen gut zu einem Abendessen zu zweit.

Für 10 Stück

150 g Bergkäse * 500 g Mehl
1 Päckchen Backpulver * 2 TL getrockneter Majoran
1/2 TL Anissamen * 1 1/2 TL Salz * 1/2 l Hefeweizenbier
Fett für das Backblech * Mehl zum Formen
1 Eigelb * 1 EL Ahornsirup * 1 EL Sahne * 50 g Mohnsamen

Besonders hübsch sieht es aus, wenn man beim Backen die Brötchen zu einem Kreis oder Kranz aneinander setzt. Dann kann man anschließend Brötchen für Brötchen abbrechen.

1. Den Käse fein reiben. Das Mehl mit dem Backpulver, dem geriebenen Käse, Majoran, Anis und Salz in einer Schüssel mischen. Das Bier dazugießen und alles zu einem glatten Teig verarbeiten. Den Backofen auf 180 °C (Umluft 160 °C, Gas Stufe 2) vorheizen und ein Backblech einfetten.

2. Aus dem Teig mit bemehlten Händen 10 Brötchen formen und die Brötchen auf das gefettete Backblech legen. Die Brötchen an den Oberseiten mit einem scharfen Messer kreuzweise oder sternförmig einschneiden. Das Eigelb, den Sirup und die Sahne verrühren. Die Brötchen damit besteichen und mit dem Mohn besteuen.

3. Die Brötchen in den heißen Backofen (mittlere Schiene) schieben und etwa 35 Minuten backen. Herausnehmen, auf einem Kuchengitter etwas abkühlen lassen und frisch servieren.

Eiersalat

Für 4 Personen

4 Eier * 1 Lauchzwiebel * 4 Tomaten
1 Minigurke * 4 Radieschen * 1 Bund gemischte Kräuter für Grüne Sauce
100 g Crème fraîche * 100 g Magerjoghurt
1 EL Zitronensaft * 1 TL scharfer Senf * Salz
frisch gemahlener weißer Pfeffer * 1 TL Kürbiskernöl

Dieser Eiersalat lässt sich ganz leicht vorbereiten und in einer Vorratsdose mit zum Picknick oder auf die Kräuterwanderung nehmen.

1. Die Eier in 8 bis 10 Minuten hart kochen, kalt abschrecken, pellen und grob hacken.

2. Die Lauchzwiebel waschen, putzen und mit allen saftigen grünen Röhren in hauchdünne Ringe schneiden. Die Tomaten, die Gurke und die Radieschen waschen oder putzen und würfeln. Die Kräuter waschen, trockenschütteln und fein zerkleinern.

3. Die Eier und das Gemüse mit den Kräutern, Crème fraîche, Joghurt, Zitronensaft, Senf, Salz, Pfeffer und Öl vermischen.

Der gelbe Eiersalat ist wesentlicher Bestandteil des Ostarafestes (Seite 77), schmeckt aber auch im Sommer.

Safranbrötchen

Hexen ohne Muffinblech walken den Hefeteig zu einer Rolle, schneiden zwölf Stücke ab und formen sie zu kleinen Brötchen. Gebacken werden sie am besten auf einem mit Backpapier ausgelegten Backblech.

Für 12 Stück

1 Päckchen Trockenhefe * 1/8 l lauwarme Milch
50 g Zucker * 1/2 TL Safranfäden * 50 g Butter
350 g Mehl * 1 Prise Salz
1 TL abgeriebene unbehandelte Orangenschale
1 Ei * 1 EL Mehl für die Arbeitsfläche * Fett für das Muffinblech
1 EL Butter zum Bestreichen * eventuell Puderzucker zum Bestreuen

1. Aus Hefe, Milch, Zucker, Safran, Butter, Mehl, Salz, Orangenschale und Ei einen Hefeteig (wie auf Seite 133 beschrieben) herstellen. Den Teig zugedeckt bei Zimmertemperatur etwa 1 Stunde gehen lassen, bis sich sein Volumen verdoppelt hat.

2. Den Teig auf bemehlter Arbeitsfläche etwa 2 Minuten kräftig kneten. Ein Muffinblech mit 12 Mulden (jeweils etwa 4 Zentimeter tief) gut einfetten. Den Teig in die Mulden verteilen und zugedeckt bei Zimmertemperatur weitere 20 Minuten gehen lassen.

3. Den Backofen auf 200 °C (Umluft 180° C, Gas Stufe 3) vorheizen. Die Safranbrötchen im heißen Backofen (untere Schiene) 10 bis 15 Minuten backen, herausnehmen, mit zerlaufener Butter bestreichen und auf einem Kuchengitter gerade eben abkühlen lassen. Nach Wunsch mit Puderzucker bestreuen.

Die goldene Farbe der Safranbrötchen passt zu allen glücklichen Momenten in Ihrem Leben.

Erdbeerkonfitüre

Für 4 Personen

300 g Erdbeeren * 300 g Gelierzucker
1 große Messerspitze Korianderpulver
2–3 Pfefferminzblättchen

1. Die Erdbeeren waschen, trockentupfen, abzupfen und mit einer Gabel fein zerdrücken. Das Püree mit dem Gelierzucker in einem Topf mischen und etwa 30 Minuten stehen lassen, bis sich Saft gebildet hat.

2. Das Korianderpulver unter das Beerenpüree mischen. Das Püree unter Rühren aufkochen und bei mittlerer Hitze unter ständigem Rühren etwa 2 Minuten kochen, bis die Konfitüre eindickt. Eventuell abschäumen und in eine Schüssel umfüllen.

3. Die Konfitüre abkühlen lassen und 12 Stunden zugedeckt in den Kühlschrank stellen. Zum Servieren mit der fein zerkleinerten Minze mischen.

Vanilleflammeri

Für 4 Personen

1/2 l Milch * 1 Prise Salz
1 TL abgeriebene unbehandelte Zitronenschale
3 EL Vanillezucker * 60 g Speisestärke * 2 Eier
eventuell Puderzucker zum Nachsüßen

1. Die Hälfte der Milch mit dem Salz, der Zitronenschale und dem Vanillezucker aufkochen. Die Speisestärke mit der restlichen kalten Milch glatt rühren, langsam in die kochende Milch rühren und alles einmal aufkochen.

2. Den Topf von der Kochstelle nehmen. Die Eier trennen und die Eigelbe unter den heißen Flammeri rühren. Die Eiweiße steif schlagen und ebenfalls untermischen. Den Flammeri nach Belieben mit Puderzucker abschmecken und in kalt ausgespülte Dessertförmchen geben.

3. Die Flammeris zugedeckt im Kühlschrank etwa 12 Stunden ruhen lassen, bis sie so fest sind, dass man sie stürzen kann. Dazu die Flammeris mit einem spitzen Messer vorsichtig vom Rand der Form lösen und auf Portionsteller stürzen.

Zum Vanilleflammeri servieren Sie am besten frisches Obst, eine Fruchtsauce, ein Fruchtkompott, z. B. das Rhabarberkompott von Seite 141, oder eine Schokoladensauce.

Süppchen der Maikönigin

Nehmen Sie diese Suppe heiß zu Ihrer Hexen-Maifeier mit – z. B. in einem großen Thermosbehälter. In einer kalten Nacht macht die Mischung aus Gemüse, Bohnen und scharfer Chiliwürze wunderbar warm.

Wer's weniger scharf mag, kocht das Süppchen erst einmal mit einer Chilischote und probiert dann.

Für 10–12 Personen

je 300 g getrocknete schwarze und rote Bohnen * 3 l Gemüsebrühe
500 g fest kochende Kartoffeln * 2 säuerliche Äpfel
3 rote oder gelbe Paprikaschoten * 2 große rote Chilischoten
3 Zwiebeln * 1 daumengroßes Stück frischer Ingwer * 4 EL Öl
je 1 EL gemahlene Gelbwurz (Kurkuma), Kreuzkümmel (Kumin) und Koriander
2 große Dosen geschälte Tomaten * Salz * 1 TL Zucker

1. Die Bohnen in einen großen Topf geben und mit so viel Wasser übergießen, dass es mindestens zwei Finger hoch über den Bohnen steht. Die Bohnen 24 Stunden zugedeckt im Kühlschrank quellen lassen.

2. Die Bohnen abgießen, mit der Gemüsebrühe aufkochen und zugedeckt in etwa 20 Minuten knapp weich kochen. Inzwischen die Kartoffeln und Äpfel schälen und würfeln. Die Paprikaschoten und Chilischoten putzen, waschen und in Streifen schneiden, dabei die Kerne der Chilischoten entfernen. Die Zwiebeln abziehen und klein würfeln. Den Ingwer wie eine Kartoffel schälen und in Scheiben schneiden.

3. Das Öl in einem großen Topf erhitzen und Kartoffeln, Äpfel, Paprika, Chili, Zwiebeln und Ingwer darin kräftig anbraten. Alle Gewürze zugeben und kurz mitbraten.

4. Die Tomaten mit dem Saft, die Bohnen mit der Brühe, etwas Salz und den Zucker dazugeben und aufkochen. Die Suppe zugedeckt noch etwa 10 Minuten kochen, bis Kartoffeln und Bohnen weich sind.

Mai-Tee

Pro halben Liter Wasser geben Sie 2 Hand voll getrocknete Apfelschalen, je 1 Esslöffel getrocknete Hibiskusblüten und Minzeblätter, je 1 Teebeutel Löwenzahn, Zitronengras und Himbeerblätter in ein Glasgefäß. Die Kräuter mit dem kochenden Wasser übergießen, etwa 10 Minuten zugedeckt ziehen lassen und in Flaschen zum Mitnehmen füllen. Jeder süßt nach Geschmack mit Honig oder Apfelkraut; in kalten Mainächten wärmt auch ein Schuss Rum, Apfelkorn oder Himbeergeist im Tee.

Rhabarberkompott
mit Zitronenmelisse

Für 4 Personen

750 g Rhabarber * 1 Stück unbehandelte Zitronenschale
125 g Zucker * 1/8 l weißer Traubensaft
100 g grüne Stachelbeerkonfitüre * 1 Hand voll Zitronenmelisseblättchen

1. Den Rhabarber waschen, putzen und in fingerbreite Stücke schneiden. Die Rhabarberstücke mit Zitronenschale, Zucker und Saft aufkochen und zugedeckt bei schwacher Hitze 10 Minuten kochen.

2. Die Stachelbeerkonfitüre untermischen und das Kompott abkühlen lassen. Zum Servieren die Melisseblättchen waschen, trockenschütteln, fein zerkleinern und untermischen.

Maistängelchen

Für 16 Stück

1 Päckchen frische Hefe (ca. 40 g) * 400 g Fünfkornmehl
1/2 TL Salz * Mehl zum Formen * Fett für die Bleche
2 Eigelbe * 2 EL grobes Salz * 2 EL getrockneter Oregano

Die Knabberstangen dürfen auch mit Kümmel- oder Sesam bestreut werden – ganz nach Ihren Vorlieben.

1. Die Hefe zerbröckeln und mit 125 Milliliter lauwarmem Wasser verrühren. 250 Gramm Mehl in eine Schüssel geben und in die Mitte eine Vertiefung drücken.

2. Die angerührte Hefe und weitere 125 Milliliter lauwarmes Wasser dazugießen. Alles zu einem dicken Brei verrühren und den Teig zugedeckt an einem kühlen Ort 12 Stunden gehen lassen.

3. Das restliche Mehl und das Salz mischen und mit den Händen unter den Teig kneten. Den Teig weitere 30 Minuten gehen lassen. Den Backofen auf 200 °C (Umluft 180 ° C, Gas Stufe 3) vorheizen und zwei Backbleche einfetten.

4. Den Teig in 16 Portionen teilen und auf wenig Mehl zu Stangen rollen. Die Stangen auf die Backbleche legen. Das Eigelb verquirlen und die Stangen damit bestreichen. Die Stangen mit dem Salz und dem Oregano bestreuen und zugedeckt 10 Minuten gehen lassen.

5. Die Maistängelchen in den heißen Backofen (mittlere Schiene) schieben und in etwa 15 Minuten goldbraun backen. Frisch servieren.

Register

Kräuter

Rezepte

Thea

Ihr mystischer Weg begann im Alter von 16 Jahren, als sie bei einem schweren Bergunfall lebensgefährliche Verletzungen erlitt. Nach dem Absturz war sie für kurze Zeit klinisch tot, und ihr wurde ein Blick in die jenseitige Welt geschenkt. Sie erfuhr, dass es noch mehr zwischen Himmel und Erde gibt als das, was mit dem bloßen Auge sichtbar ist, und entwickelte eine Vorstellung davon, welche kosmischen Kräfte und Energien es gibt und wie wir Menschen sie nutzen können.

Theas Leben veränderte sich von Grund auf. Sie gab ihren kaufmännischen Beruf auf und widmete sich intensiv esoterischen Studien. Ihr neues Lebensziel war und ist es, allen Hilfe suchenden Menschen mit Rat und Tat zur Seite zu stehen. Sie gibt das uralte magische Hexenwissen an interessierte Schüler weiter – etwa wie man seine Intuition schulen, die Sensibilität verfeinern und tief im Inneren schlummernde magische Fähigkeiten erwecken kann.

Thea ist keine auf einem Besen reitende, unverständliche Zauberformeln murmelnde Hexe, wie wir sie aus dem Märchen kennen. Sie ist eine weise Frau, die aus innerer Überzeugung weiße Magie ausübt – eine moderne, selbstbewusste Frau, die von dem Wunsch beseelt ist, ihre besonderen Kräfte helfend einzusetzen. Thea führt auch Trauungszeremonien nach alter mystischer Überlieferung durch. Sie verbindet Paare nach keltischer Tradition mit dem Segen der großen Göttinnen und Götter.

Die in diesem Buch beschriebenen Artikel können unter der Adresse in Ebersbach bestellt werden. Wenn Sie mit Thea Kontakt aufnehmen möchten, wenden Sie sich bitte an die Anschrift in München.

Thea's Welt der Mystik
Hebelstraße 23/1
73061 Ebersbach
Telefon und Fax (07163) 52436

Büro und Laden:
Thea's Welt der Mystik
Destouchesstraße 48
80803 München

Die Fotografin

Barbara Bonisolli gehört zur jungen Generation der Foodfotografen. Sie liebt gutes Essen und das passende Ambiente, das sie für ihre Fotos auch selbst gestaltet. Barbara Bonisolli arbeitet für Kochbuchverlage, Zeitschriften, Werbe- und Industriekunden. Zusammen mit ihrem Foodstylisten Hans Gerlach, gelernter Koch und Architekt sowie Mitinhaber der Agentur »food & text«, übernahm sie für dieses Buch die Fotografie.

Bildnachweis

Alle Bilder stammen von Studio Barbara Bonisolli (Foodstyling: Hans Gerlach), München mit Ausnahme von:
Gettyone Stone, München: 110/111 (Carol Ford); Ifa, Taufkirchen bei München: Titel-Einklinker li. (IPS); Photonica, Hamburg: 12 (Neo Vision); Premium, Düsseldorf: 48/49 (N.N.); Südwest Verlag, München: Titel-Einklinker re., 58 (Karl Newedel), 19, 21, 32, 39, 97, 105, 128, 133 (Rolf Seiffe), 24 (Siegfried Sperl), 57 (Heidi Velten); Zefa, Düsseldorf: Titel-Fond (N.N.), 6 (Krahmer), 7 (A. Inden), 9 (Botzek), 72/73 (Krecichwost)

Hinweis

Das vorliegende Buch ist sorgfältig erarbeitet worden. Dennoch erfolgen alle Angaben ohne Gewähr. Weder Autoren noch Verlag können für eventuelle Nachteile oder Schäden, die aus den im Buch enthaltenen Hinweisen resultieren, eine Haftung übernehmen.

Text: Dr. Barbara Rias-Bucher
Lektorat: Christine Pfützner, Martina Solter
Projektleitung: Michaela Röhrl
Redaktionsleitung: Dr. Reinhard Pietsch
Bildredaktion: Tanja Nerger
Fotografie: Barbara Bonisolli, München
Illustration/Vignetten: Beate Brömse
Layout und Umschlaggestaltung: Manuela Hutschenreiter
DTP/Satz: Andreas Rimmelspacher
Produktion: Manfred Metzger (Leitung), Annette Aatz

Printed in Germany

Gedruckt auf chlor- und säurearmem Papier

ISBN 3-7787-3995-6